Sarmaten

Ein vergessenes Volk formte halb Europa

Band 5

Reinhard Schmoeckel

Die Schwaben

Ein neuer deutscher Volksstamm aus ganz unterschiedlicher Herkunft

Die Deutsche Bibliothek verzeichnet diese Publikation in der
Deutschen Nationalbibliographie; detaillierte bibliographische
Angaben sind im Internet über
http://dnb.ddb.de
abrufbar.

© Copyright: Reinhard Schmoeckel, Bonn 2016

Umschlaggestaltung: Andrea Egler; www.das-Auge-
denkt.com ; Düsseldorf

Printed in Germany, Herstellung und Verlag: BoD -
Books on Demand, Norderstedt

ISBN: 9783837047028

Zu beziehen über jede Buchhandlung

Inhalt

Vorwort

Schwaben – was ist das eigentlich ? Im Süden Deutschlands dürften das die meisten Menschen wissen, nördlich des Mains ist das schon ziemlich fraglich.

Schwaben – das sind die Menschen, die „schwäbisch" sprechen, also einen süddeutschen Dialekt benutzen, wenn sie nicht gezwungen sind, „hochdeutsch zu schwätzen". Schwaben ist aber auch eine Landschaft im Südwesten Deutschlands, heute ein Teil des Bundeslandes Baden-Württemberg, aber auch darüber hinaus reichend bis nach Bayern.

Zeitweise in der Geschichte Deutschlands hieß die ganze Region Südwestdeutschlands einmal „Herzogtum Schwaben", doch kurz zuvor sprach man dort von einem „Herzogtum Alemannien". Sind – oder waren – Schwaben und Alemannen also dasselbe ? Heutige „Schwaben" und „Alemannen" (in Deutschland sind das jetzt die „Badener") würden das wohl entrüstet zurückweisen. Norddeutsche verstehen den Unterschied nicht.

Dieses Büchlein beleuchtet ein paar Jahrhunderte aus der Geschichte dieser Landschaft, einer Zeit, aus der man über D e u t s c h l a n d so gut wie nichts weiß, die aber gerade deswegen entscheidend für bestimmte grundsätzliche Weichenstellungen in seiner Geschichte war. Es geht um eine Periode vor 1500 Jahren, oder anders ausgedrückt, um einen Teil der „Völkerwanderungszeit", und zwar um einige Stücke, die die Historiker so gut wie überhaupt nicht kennen, weil es praktisch keine schriftlichen Quellen dazu gibt.

Damals lebten im Südwesten des heutigen Deutschlands nach den antiken Quellen „Sueben" u n d „Alemannen", also „Germanen", wie jedermann überzeugt war, die antiken Autoren ebenso wie die meisten Historiker noch des 21. Jahrhunderts. Aber stimmte das wirklich ?

1

Von einer ganz anderen Seite her als die herkömmliche Geschichtswissenschaft hat sich der Autor dieses Buches dem Thema genähert - - und er kam im Laufe seiner Forschungen zu höchst überraschenden Ergebnissen. Er ist davon überzeugt – und kann das auch mit zahlreichen sehr plausiblen Indizien belegen ! – dass in der zweiten Hälfte des 5. Jahrhunderts n. Chr. eine größere Gruppe von S a r m a t e n aus dem heutigen Serbien in die „Region der Schwaben" einwanderte.

Diese Fremden kamen aus dem alten sarmatischen Stamm der T u r k e r e r (nicht mit den heutigen Türken zu verwechseln), und sie zogen auf Weisung des damaligen Machthabers im Rest des Weströmischen Reiches, Odoaker, in die Gegend der heutigen „Schwäbischen Alb". Ihre Aufgabe war es, die dortigen „Sueben" vor der Rache der verfeindeten Ostgoten zu schützen. Diese Aufgabe haben sie getreulich erfüllt, bis es keine Ostgoten mehr gab.

Da diese Fremden von selbstbewussten Adligen angeführt wurden, gewannen sie bald die Herrschaft über die im Land lebenden germanischen S u e b e n mit germanischer Sprache und Kultur. Doch diese Sarmaten waren k e i n e gefürchteten Brandstifter und Plünderer wie die Hunnen, sondern Herrscher ganz anderer Art.

Für die deutsche Geschichtswissenschaft und damit für alle Deutschen, die sich ein wenig für die Geschichte ihres Landes interessieren und einiges dazu gelesen haben – ist diese Behauptung völlig unglaubhaft. In Deutschland kann es doch mindestens seit Caesars Zeiten nur G e r m a n e n gegeben haben ! Das ist jedenfalls die feste Überzeugung der Geschichtswissenschaft seit dem Mittelalter und auch aller an Geschichte interessierte Laien. Nicht erst die „germanenbegeisterte" Zeit des Nazi-Reiches in Deutschland hat diese Überzeugung hervorgerufen; sie ist viel, viel älter !

2

Aber: waren damals wirklich alle Menschen hier in unserem späteren Deutschland „Germanen" ? Vor zweihundert Jahren waren die Historiker fest davon überzeugt, sie nannten alle Menschen, die einst hier lebten, „die alten Teutschen".

Heute sind die Gelehrten viel vorsichtiger. Viele von ihnen wissen gut, dass nicht nur Germanen, sondern auch Kelten und Slawen und „Römer" und verschiedene andere Bevölkerungsgruppen ihre Gene bei den Menschen hinterlassen haben, die seit langen und bis heute in unserem Lande leben.

Wenn wir nur in die jüngere Vergangenheit zurückschauen, dann muss jeder zugeben, dass inzwischen auch Türken, Italiener, Polen und Menschen aus allen möglichen anderen Völkern Angehörige unserer Nation geworden sind, die sich „deutsch" nennt.

Wer dies im Kopf hat, für den ist es vielleicht nicht mehr ganz so schockierend, wenn in diesem Buch behauptet wird, vor gut 1500 Jahren seien Menschen nach Mitteleuropa gekommen, die eben keine Germanen waren und trotzdem zu Anführern einiger Stämme wurden, die sich bald zu wichtigen Teilen des Volkes wurden, das erst spät den Namen „d e u t s c h" bekam.

Diese Menschen waren S a r m a t e n . Was dies für Leute waren und welche Bedeutung sie hatten, soll dieses Buch erklären. Allerdings sollte kein Leser diese Behauptung falsch verstehen. Nicht die G e s a m t h e i t der späteren Deutschen, wie sie die Geschichte kennt, hatte Menschen dieses Volkes zu Vorfahren.

In dem kleinen Buch, das der Leser in der Hand hält, geht es vor allem um den Einfluss von Sarmaten auf die Geschichte der Region, die man seit langem „Schwaben" nennt.

Doch weil der Begriff der Sarmaten in der westeuropäischen, speziell der deutschen Geschichtswissenschaft
praktisch völlig unbekannt ist, muss wenigstens in einer Kurzform dem Leser das wichtigste Wissen über dieses Volk ver-
mittelt werden. Jedem Leser ist dringend zu empfehlen, auch
den Band 1 dieser Buchreihe zu erwerben und zu lesen: **„Sarmaten: unbekannte Väter Europas – Ein neuer Blick auf
die Frühgeschichte unseres Landes".** Dort ist über die Geschichte und die Geschicke der Sarmaten allgemein in größerer
Ausführlichkeit nachzulesen.

H i e r soll also von der Entstehung eines n e u e n Volkes
aus verschiedenen Bestandteilen während des Frühmittelalters
berichtet werden, einer Zeit, aus der es keinerlei schriftliche
Quellen gibt.

Und doch gibt es Quellen. Man findet sie in der Erde, und
die Archäologen können sie ausgraben; man findet sie in der
deutschen Sprache, und Sprachwissenschaftler könnten Hinweise geben; man findet sie in der Wappenkunde (Heraldik), in
der Volkskunde, in alten, nur Spezialisten bekannten Schriften
und in manchen anderen Anzeichen. Man muss sich nur trauen,
alle diese Indizien als solche für die einstige Existenz des Volkes der Sarmaten zu erkennen und ihr Zusammenspiel zu erklären.

Dies wagt der Autor, der seit mehr als fünfzehn Jahren dem
Phänomen dieses „vergessenen Volkes" der Sarmaten nachgeht.

Reinhard Schmoeckel

I.

Sarmaten: ein stolzes Volk berittener Hirten - aber ganz anders als die Hunnen

1. Die Vorväter

Der Teil I dieses Buches ist eine Kurzfassung dessen, was in dem grundlegenden Buch diese Reihe, dem **Band 1, Sarmaten – Unbekannte Väter Europas,** ausführlich und mit Literaturnachweisen beschrieben ist. Er soll dazu dienen, dem Leser dieses Buches wenigstens eine kurze Übersicht von dem zu geben, was man heute über dieses so zu Unrecht vergessene Volk weiß. Damit soll er in die Lage versetzt werden, das einordnen zu können, was im Hauptteil II über das Wirken von sarmatischen Einwanderern nach S c h w a b e n vor anderthalb Jahrtausenden berichtet werden kann.

*

Nahezu jeder Deutsche, der eine höhere Schule besucht hat, kennt den Völkernamen Hunnen: ein Volk aus Innerasien, das einst vor vielen Jahrhunderten Angst und Schrecken über die Völker Europas gebracht hat.

Fast niemand kennt jedoch ein Volk, das etwa zur gleichen Zeit in Erscheinung trat und auch, oberflächlich betrachtet, manche Ähnlichkeit mit den Hunnen hatte, sich aber dennoch ganz anders verhielt. Darum hat man es vergessen. Das waren die Sarmaten.

5

Dieses Volk gehörte zu den „Ariern". Dieser Begriff hat nichts mit „Menschenrassen" zu tun, wie die Nazis einst behaupteten, sondern mit S p r a c h e n. Fast alle Sprachen, die heute in Europa (zum Teil inzwischen auch in vielen anderen Erdteilen) benutzt werden, gehören zur sogenannten Familie der i n d o e u r o p ä i s c h e n Sprachen. Vor Jahrtausenden waren sie alle eng mit einander verwandt, ja sie müssen vor noch längerer Zeit einmal aus einer gemeinsamen Wurzel entsprungen sein.

Die Geburtsstätte der Menschen, die einst diese Wurzel bildeten, muss irgendwo in den Weiten Innerasiens gelegen haben, irgendwo zwischen Schwarzem Meer und Pamir. Nach langer Ungewissheit lässt sich das heute mit einiger Wahrscheinlichkeit sagen. Ein Teil dieser Menschen mit indoeuropäischen Sprachen ist später, Jahrtausende v o r Christi Geburt, nach Westen, nach Europa, ausgewandert, andere Teile nach Indien. Sie haben ihre Sprachen mitgenommen und den Menschen aufgezwungen, zu denen sie damals kamen. Daher der Name der Sprachfamilie.

Im innerasiatischen Heimatgebiet waren natürlich noch größere Gruppen zurückgeblieben, von ihnen wanderten etwas später die aus der Geschichte der antiken Welt bekannten Perser in ihre neue Heimat ein. Die sich damals noch sehr ähnlichen Sprachen der alten Inder und Perser nannten die damaligen Sprecher die der „Arier", der „Reinen". Aus dieser S p r a c h gruppe des „Nordiranisch-Arischen" stammt auch die Sprache der Sarmaten.

Genetisch waren ursprünglich sicher alle die Nutzer dieser Sprachen ebenfalls miteinander verwandt. Sie zeigten äußerlich die helle Haut und früher auch helle Haare und andere Merkmale, die die „Europiden" noch heute im Allgemeinen von „Mongoliden" oder „Negriden" unterscheiden. Das sind die wichtigsten menschlichen Erscheinungsformen (nicht „Ras-

6

sen"), die sich im Laufe der Entwicklung des „Homo sapiens" herausgebildet haben.

Bei den Indoeuropäern, die in Mittelasien zurückgeblieben worden waren - die „Zuzügler" nach Europa waren schon vorher aufgebrochen –, trat bei den Menschen, die dort verblieben waren, ein wichtiger Wandel ihrer Lebensweise ein. Bisher hatten sie mit den Methoden und Hilfsmitteln der Steinzeit einfachen Ackerbau betrieben und Vieh gezüchtet: Schafe, Ziegen, bald auch schon Rinder und Pferde.

Doch dann lernten die Menschen in den Steppen zwischen Schwarzem Meer und Pamir, dass die Wildpferde, die in riesigen Herden dort lebten, noch viel besser zu nutzen waren als zum Verzehr oder zum Ziehen von Wagen. Man konnte auf ihnen r e i t e n. Diese epochemachende „Erfindung" scheint erst am Anfang des letzten v o r christlichen Jahrtausends dort in den Steppen Südrusslands (heute Kasachstan) gelungen zu sein. Sie hat wohl in nur wenigen Jahrzehnten alle dort lebenden Menschen auf Dauer geprägt.

Seitdem waren die Völker, die dort lebten, stolze Reiterhirten geworden. Das Reiten auf Pferden erweiterte schlagartig die Weidefläche der Rinder- und Schafherden, gestattete den Erwerb größerer Herden, gleich ob auf friedliche oder kriegerische Weise, und veränderte zugleich das Bewusstsein der Reiter.

Die Tatsache, Reiter zu sein, auf pfeilschnellen Rossen blitzschnell riesige Entfernungen zurücklegen zu können, das war für die Männer, Krieger und bisherige Hirten zu Fuß, etwas grundsätzlich Anderes als das Leben eines dem Erdboden verhafteten Bauern, das war etwas Vornehmes, Ritterliches, Kämpferisches.

Ganz sicher werden nicht a l l e Menschen im Steppengebiet plötzlich zu Reiterhirten geworden sein, sondern es wird überall weiter ansässige Bauern gegeben haben, wenn auch vielleicht weniger als bisher. Nomadische Hirten kommen nicht ganz ohne die Erzeugnisse des Bodens aus, die von den Bauern hervorgebracht werden, und die Bauern konnten ihr Getreide und Gemüse gut gegen die Überschüsse der Rinder- und Schafherden tauschen. Beide Seiten hatten großen Nutzen von dieser friedlichen Zusammenarbeit.

Das erste Volk dieser Reiterhirten, das man mit Namen kennt, waren die K i m m e r i e r. Sie hatten ihren Ursprung wohl in den Steppen nördlich des Schwarzen Meeres, ließen sich aber von ihren Pferden zeitweise bis weit in den Nahen Osten und bis nach Mitteleuropa tragen, als unstete Räuber und Plünderer. Doch um das Jahr 600 v. Chr. verschwanden sie mehr oder weniger spurlos, verdrängt von einem Volk ganz ähnlicher Sprache, Kultur und Lebensweise, den S k y t h e n. Sie waren für die nächsten Jahrhunderte die Herrscher auf den Steppen Südrusslands.

Mit diesen Skythen hatten die G r i e c h en viel zu tun, die in den letzten Jahrhunderten vor Christi Geburt an den Küsten Kleinasiens und des Schwarzen Meeres überall Kolonien gründeten, kleine Städte, die mit den Nachbarn im Hinterland nützlichen Handel trieben. Die Griechen nannten die gesamte riesige Weite Osteuropas bis nach Skandinavien hinauf Skythia; aber das Gebiet blieb ihnen weitgehend unbekannt.

Auch die H u n n e n hatten wohl in der gleichen Zeit das Reiten gelernt. Ihre Heimat lag ebenfalls in der Weite Innerasiens nördlich der Gebirge Pamir, Hindukusch und Himalaya, aber einige tausend Kilometer von der indoeuropäischen „Urheimat" entfernt. Die Menschengruppe, der sie entstammten, hatte sich wohl aus den im Osten Asiens entstehenden „Mongoliden" heraus zu einer besonderen Art entwickelt, die man in der Wissenschaft heute „turk-mongolisch" nennt. Von den Völkern aus indoeuropäischer Wurzel unterschieden sie sich grundlegend, sowohl ethnisch wie sprachlich und vor allem kulturell.

Auch diese Hunnen waren wohl einst berittene Hirten oder Jäger, aber bei ihnen hatte sich ein Königtum entwickelt, das bald von sich glaubte, ihm stünde das Recht zu, „Herr der Welt" zu sein – oder wenigstens Herr aller Völker in erreichbarer Nähe. Die berittenen Krieger der Hunnen waren nur zu gerne bereit, ihren Königen dazu zu verhelfen, durften sie doch bei den ständigen Kriegen nach Herzenslust bei diesen Nachbarn morden und vor allem plündern. Diese Hunnen werden am Schluss dieser kurzen Einleitung noch eine sehr wichtige Rolle spielen. Doch vorerst, in den Jahrhunderten vor und nach der Zeitenwende, lebten sie noch weit weg im Osten Innerasiens, und niemand in Europa wusste von ihnen.

2. Gesellschaft, Religion und Lebensweise der Sarmaten

Einst, als das Reiterhirtenvolk der Skythen die Steppen der heutigen Ukraine beherrschte, waren die S a r m a t e n ihre östlichen Nachbarn. Doch allmählich wurden die Sarmaten stärker und begannen die Skythen zu bedrängen. Etwa zu Christi Geburt waren s i e das herrschende Volk am Nordufer des Schwarzen Meeres geworden, und von den Skythen hörte man nichts mehr. Dabei waren auch deren Besieger enge sprachliche, ethnische und kulturelle Verwandte der Skythen.

Mit den Sarmaten hatte nun das Römische Reich zu tun, das seinen Einfluss schon so weit in den Osten Europas ausgedehnt hatte. Die R ö m e r nannten die Weite Osteuropas „Sarmatia", doch verwechselten viele der antiken und mittelalterlichen

9

Schriftsteller häufig die Begriffe Skythia und Sarmatia; sie sahen wohl gar keinen Unterschied darin. Beide Begriffe bezogen sich ja auf dieselbe Gegend.

Den Römern waren ihre Nachbarn, die Sarmaten, viel zu weit entfernt, als dass sie sich näher damit beschäftigt hätten. Daher weiß man aus antiken Quellen praktisch nichts über dieses Volk, anders als über die Germanen, für die man immerhin das berühmte Werk „Germania" des Tacitus kennt. Doch gibt es heute noch zwei „Volkssplitter" dieser Sarmaten, aus deren Denk- und Lebensweise man manches über ihre Vorfahren erfahren kann.

Der eine dieser Überreste ist das Volk der O s s e t e n im Kaukasus, heute benutzen noch etwa 500 000 Menschen deren Sprache. Man weiß von diesen Osseten, dass sie Reste des sarmatischen Volkes (ursprünglich Stammes) der Alanen sind, die sich im späten 4. Jahrhundert n. Chr. vor dem Ansturm der Hunnen in die unzugänglichen Täler des Kaukasus-Gebirges geflüchtet haben. Allerdings sind diese Osseten inzwischen doch schon stark von den umgebenden Kaukasus-Völkern und vor allem von den Russen beeinflusst worden, die seit gut 200 Jahren dort herrschen.

Kaum von Fremden beeinflusst ist dagegen ein winziges Völkchen im Himalaya, am Oberlauf des Indus, das jedoch nur noch gut 2000 Menschen zählt. Es heißt M i n a r o und ist erst in den letzten Jahren näher von europäischen Ethnologen untersucht worden. Offenbar haben sich schon vor 2000 Jahren Menschen aus der Gruppe, die zuvor die „arischen" Inder, die Perser und die Reitervölker mit indoeuropäischer Sprache hervorge-bracht hatte, dort in die Bergeinsamkeit zurückgezogen.

Sie sehen heute noch sehr „europäisch" aus, im Gegensatz zu ihren Nachbarn mit tibetisch-mongolischen Gesichtszügen. Und so wenige Minaros es nur noch gibt, so leisten sie sich zwei Bevölkerungsklassen, die streng voneinander getrennt existieren. Ein Mann aus der Adelskaste, der ein Mädchen aus der unteren Kaste zur Frau nimmt, darf das Haus seiner Eltern nie mehr betreten, in drei Generationen nicht. Aber die b i o - l o g i s c h so geschiedenen Kasten sind durch r e l i g i ö s begründete Schwurgemeinschaften auf Dauer miteinander verknüpft: mehrere Bauern oder Handwerker aus der unteren Kaste leisten für sich und ihre Familien einem Adligen einen lebenslang gültigen Gefolgschaftsschwur. Der hat Wirkung nicht nur für die Menschen aus der unteren Kaste, sondern genauso für den Adligen: er ist für seine Gefolgsleute verantwortlich und muss ihnen helfen und in Schwierigkeiten beistehen.

Dieses Prinzip dürften auch die sarmatischen „Vorfahren" der Minaros angewendet haben. Nach allem, was man weiß oder erschließen kann, haben sich die Adligen der Sarmaten streng nach der Devise verhalten und die zu ihrer Schwurgenossenschaft gehörigen und damit ihrem Schutz anvertrauten Menschen nie als Sklaven oder „unberührbar" behandelt. Stattdessen könnte der heute noch für den gesamten europäischen Adel geltende Spruch „Noblesse oblige – Adel verpflichtet" direkt dem Denken dieses bemerkenswerten Volkes entsprungen sein.

Von der Religion der Sarmaten weiß man praktisch nichts, hier hilft auch der Vergleich mit den Minaros nicht weiter, die offenbar heute noch einen v o r- indoeuropäischen Feen-Glauben praktizieren.

Doch was die Minaros über die „Reinheit" denken, ist höchst aufschlussreich und lässt Rückschlüsse auf die Einstellung der Sarmaten zu. Den Minaros als Bewohner des Hochgebirges erscheint die Berghöhe als „rein", das tiefe Tal als „unrein". Dasselbe gilt auch von den Menschen: die Angehörigen der oberen Klasse sind wohl von sich aus „reiner" als der unteren, Männer mehr als Frauen, doch kann ein Mensch durch eigenes Tun mehr Reinheit oder mehr Unreinheit in sich aufnehmen. Die weibliche Menstruation und der Tod lässt nach dem Glauben der Minaros den Zustand der Unreinheit ohne eigenes Zutun entstehen. Dann ist eine rituelle Reinigung Pflicht, sie kann durch Einatmen von Wacholder-Rauch bewirkt werden, „nicht reine" Tote müssen im „reinigenden heiligen Feuer" verbrannt werden.

Daraus lässt sich für die Sarmaten schließen, dass die Angehörigen der Adelsklasse, vor allem die Männer – bei ihnen „Schah" genannt – von sich aus selbst nach dem Tod als ausreichend rein galten, so dass ihre Körper im Normalfall unverbrannt bestattet werden konnten. Leichen der unteren Klasse mussten jedoch verbrannt werden, um sie für ihren „Weg ins andere Leben" rein zu machen. Nur die Adligen, vielleicht auch nur die Fürsten unter ihnen, erhielten zudem einen Grabhügel über dem Körpergrab, wie das schon ihre Urahnen in der südrussischen Steppe vor tausend oder mehr Jahren getan hatten.

Deutschen Archäologen könnte dieses Wissen manches Raten ersparen. Sie haben vor allem aus dem 5. und 6. Jahrhundert n. Chr. in Deutschland etliche Friedhöfe ausgegraben, wo die angebliche Regel nicht stimmte, dass die Germanen – die es ja nach Überzeugung der Archäologen dort nur geben konnte – ihre Toten n u r unverbrannt o d e r verbrannt (je nachdem) beigesetzt hatten. Wenn dann in der Nähe solcher Grabstätten auch noch Gräber von P f e r d e n auftauchten, dann waren die Archäologen total verwirrt und konnten das nur durch eine „Übernahme von Sitten aus dem Südostraum Europas" durch die Germanen in Deutschland erklären. Zu den Pferdegräbern, einem offenbar n u r für Sarmaten geltenden Brauch, ist Näheres im Teil II dieses Buches nachzulesen.

Als berittene Hirten von Großvieh, Rindern und Schafen, mussten die Sarmaten mit ihren „Wohnungen" beweglich sein, denn die Herden zogen ja immer weiter, wenn das Futter in

12

einem Tal oder einer bestimmten Gegend abgegrast war. Vermutlich schliefen die Familien in hölzernen Karren, die von geduldigen Ochsen gezogen wurden, oder in den Zelten aller asiatischen Reitervölker bis heute, den Jurten, die aus einem Holzgestänge bestanden, die mit Fellen abgedeckt wurden. Das ist ein Grund, warum die Wissenschaft der Archäologie die Sarmaten so gar nicht finden kann, denn sie errichteten nun einmal keine Häuser.

Die Lebensweise und die Einstellung der Sarmaten dürfte ein wenig der der berühmten Cowboys im Wilden Westen der USA im 19. Jahrhundert geähnelt haben. Sie waren schnell mit der Waffe zur Hand; wenn sie oder ihr Vieh bedroht wurden, und sie waren durchaus kampferprobte und tapfere Krieger, wenn es sein musste. Aber sie waren keine blindwütigen Plünderer oder größenwahnsinnige Eroberer wie die Hunnen. Deshalb hat man sie vergessen und die Hunnen nicht.

Man weiß nicht genau, ob in der langjährigen Heimat der Sarmaten, dem Gebiet der heutigen Ukraine, eine bäuerliche Bevölkerung jeweils zu dem betreffenden Stamm gehörte, oder ob es sich einst um anders benannte Menschengruppen handelte. Auf jeden Fall musste aber ein intensiver Tauschhandel zwischen Viehhirten und Bauern stattfinden: Fleisch, Milchprodukte, Wolle, Leder und andere tierische Produkte gegen Getreide, Gemüse, Leinwand und andere Erzeugnisse der Bauern. Beide Seiten fuhren gut dabei.

3. Aus der bewegten Geschichte des Volkes

In den letzten Jahrhunderten vor der Zeitwende müssen die Sarmaten mit großem Druck von Osten her über den Don und Dnjepr in das damalige Wohngebiet der Skythen eingedrungen

13

sein. Wie schon erwähnt, hatten sie um die Zeit von Christi Geburt die Skythen besiegt – oder richtiger gesagt, die Reste dieses Volkes in sich aufgenommen. In dieser Zeit war wohl schon eine wichtige Veränderung in der inneren Ordnung ihrer Gesellschaft eingetreten.

In der Frühzeit des sarmatischen Volkes gab es bei ihm eine Besonderheit: Auch junge Frauen kämpften in Kriegen mit, als geschickte Reiterinnen und Bogenschützen. Die frühen Griechen hörten davon und machten sich in Legenden und Bildwerken ein Bild von diesem „Amazonen". Doch später änderte sich die Kampfweise der Sarmaten. Sie griffen nun in geschlossener Reiterfront mit langen Lanzen ihre Gegner an, geschützt durch schwere Kettenpanzer. Da konnten Frauen körperlich nicht mehr mithalten, und so mussten sie allmählich aus ihrer gleichberechtigten Rolle im sarmatischen Volk ausscheiden.

Lange waren die Sarmaten Nachbarn der griechischen Städte, die sich ab dem 6. Jahrhundert vor Christus unter anderem auch im Nordrand des Schwarzen Meeres angesiedelt hatten. Doch allmählich verlagerten die Sarmaten die Weidegründe für ihr Vieh weiter nach Westen, in die Tiefebene, die man heute auf Ungarisch Puszta nennt. Von alten Zeiten her zerfiel das Volk der Sarmaten in verschiedene Stämme (ähnlich wie die Germanen), die anfangs so etwas wie enge Kampfgemeinschaften waren, später allerdings wohl hauptsächlich Kultgemeinschaften. Von einigen wichtige Stämmen kennt man die Namen: Jazygen, Roxolanen , Aorsen, Alanen und Turkerer (nicht mit den modernen Türken zu verwechseln).

Ab etwa dem 1. Jahrhundert n. Chr. kamen g e r m a - n i s c h e Stämme, wie die Goten und die Rugier, ins südliche Russland, in die Ukraine und ins heutige Rumänien. Sie waren von der Ostseeküste her immer weiter nach Süden gewandert und hatten sich in den fruchtbaren Regionen der Ukraine, der

„Schwarzerde" im Südwesten, als Bauern festgesetzt. Von größeren Kämpfen zwischen Sarmaten und Germanen ist nichts bekannt, die Nachbarn scheinen sich recht gut vertragen und sogar einander in der Lebensweise, aber auch der Bekleidung und den Gebrauchsgegenständen angeglichen zu haben.

In den ersten Jahrhunderten nach Christi Geburt – das heißt, in der Frühzeit des Römischen Reiches – waren die germanischen Völker im Nordteil der Balkan-Halbinsel, aber eben auch die Sarmaten, Nachbarn dieses Reiches, das den Unterlauf der Donau als seine Grenze benutzte und auch befestigt hatte („Limes").

Es kam gelegentlich zu Kriegen zwischen Rom und seinen Nachbarn, immer über die Donau als Grenze hinüber. In den bekanntesten dieser Kriege – sie heißen in der Geschichtsliteratur die „Markomannenkriege" (ca. 160 – 180 n. Chr.) – waren offenbar Sarmaten mit den germanischen Markomannen verbündet, siegten mit ihnen oder wurden mit ihnen besiegt, wie das in diesen wechselvollen Kriegen mehrfach passierte.

Aus dem Jahr 175 n. Chr. berichten römische Geschichtsschreiber von einem Frieden, den die Sarmaten mit den Römern abschließen mussten, als sie besiegt waren, aber immerhin noch nicht so, dass die Verlierer jede Bedingung hätten akzeptieren müssen. Die Sarmaten mussten sich verpflichten, sich 10 römische Meilen (ca. 15 km) von der Donau, der Grenze, fernzuhalten, sie mussten Gefangene herausgeben, und vor allem mussten sie 8000 ihrer berühmten Panzerreiter dem römischen Heer überlassen.

5500 davon, vermutlich 10 „Dracones" (Regimenter), wurden sogleich quer durch Europa in Marsch gesetzt, um im Norden Britanniens am sogenannten „Hadrianswall" die Grenze des Römischen Reiches gegen die Pikten (die Urahnen der Schotten) zu verteidigen. So wurde das Volk der Sarmaten zugleich militärisch geschwächt und dem römischen Heer hoch geschätzte Elitesoldaten gewonnen.

Wie stets, waren die Krieger von ihren Familien und Gesinde begleitet, doch war das so selbstverständlich, dass es antike Autoren nie erwähnt haben. Vermutlich gingen diese in ein fernes Land verpflanzten Sarmaten nicht etwa im „römischen Völkerbrei" unter, sondern haben dem eigentlich keltischen Volk der Waliser später ihre Anführer gestellt. Der berühmte König Artus war wahrscheinlich sarmatischer Abstammung- Doch kann das hier nicht näher untersucht werden.

Auch später muss es immer wieder einmal zu Kriegen gekommen sein, doch scheinen sie weder das Römerreich noch die verschiedenen Stämme der Sarmaten besonders schwer in Mitleidenschaft gezogen zu haben. Daneben und sogar während solcher Kriege gab es immer wieder sarmatische Gruppen, die sich freiwillig dem römischen Heer als Söldner zur Verfügung gestellt haben. Sie waren ja als Spezialtruppe hoch geschätzt und haben wohl im Allgemeinen treu die Dienste geleistet, die Rom von ihnen erwartete.

Gerade in der Spätzeit des Römischen Reiches bestand dessen Heer fast nur noch aus solchen „barbarischen" Söldnern. Ein sarmatisches Reiterregiment, ein „Draco", zählte vermutlich etwa 500 Reiter und wurde von je etwa 2000 Familienangehörigen und Gesinde begleitet. Ganz allmählich begann das Volk der Sarmaten sich in zahlreiche solche kleinere, manchmal auch größere „Volkssplitter" aufzulösen.

Die Offiziere dieser Truppen stammten natürlich alle aus der Adelskaste der Sarmaten, den „Schah" (wahrscheinlich „Schach" gesprochen). Diese Offiziere trugen im Kampf einen Wollmantel über ihrer Eisenrüstung, der beim Ritt und beim Kampf als Erkennungszeichen diente; diese Mäntel waren so etwas wie Vorläufer der späteren Fahnen und auch der bunt bemalten Wappenschilde der Ritter, denn sie waren in verschiedenen Mustern gewebt, je nach dem Stamm, aus dem das Regiment oder die Gruppe kam.

Diese Muster sind wichtige Indizien für die weite Verbreitung der Sarmaten in der späten Völkerwanderungszeit; sie haben sich über viele Generationen in den jeweiligen Adelsfamilien gehalten und sind später in ritterliche und fürstliche Wappen umgewandelt worden und haben sich so für die Nachwelt erhalten. Das wird gleich noch wieder aufgegriffen werden.

Das Ende des 4. nachchristlichen Jahrhunderts brachte für das Römische Reich, aber auch für alle seine Nachbarn im europäischen Osten eine Zeit der Bedrohung, der Flucht und der Unterwerfung. Denn die H u n n e n setzten plötzlich zum Feldzug gegen Europa an.

Dieses Volk war inzwischen bei seiner konsequenten Wanderung nach Westen aus Innerasien an der Wolga angekommen, die man damals und auch heute noch als Grenze zwischen Asien und Europa ansieht. Das germanische Volk der Ostgoten, das sich dort angesiedelt hatte, versuchte sich mit seinen Reitern den Hunnen entgegen zu stellen, wurde aber geschlagen, sein König Ermanerich verlor sein Leben und die übrig gebliebenen Ostgoten verloren ihre Freiheit. Sie mussten sich bedingungslos der Befehlsgewalt der Hunnen unterwerfen.

Andere Völker flüchteten nach Westen, so die Westgoten aus Rumänien ins Römische Reich südlich der Donau (das heutige Bulgarien). Die Alanen, einst ein Stamm der Sarmaten, inzwischen ein eigenes Volk, retteten sich teilweise in den für Reiterheere nicht zugänglichen Kaukasus und wurden dort später zu den schon erwähnten Osseten. Ein anderer Teil der Alanen trat zusammen mit den germanischen Vandalen, Sueben und weiteren Völkerteilen einen abenteuerlichen Zug durch den Westen des Römischen Reiches an, der sie bei Mainz über den Rhein nach Gallien, dann zusammen mit den Vandalen

17

nach Spanien und schließlich nach Afrika ins heutige Tunesien führte (ab 406 n. Chr.).

Mehrere kleine Gruppen von Sarmaten scheinen diese große „Völkerwanderung" – die einzige, die diesen Namen wirklich verdient – auf der Flucht vor den Hunnen mitgemacht zu haben. Viele Anzeichen deuten darauf hin, dass sich in diesen Jahren Sarmaten in der fruchtbaren Region rund um die Stadt Mainz, links und rechts des Mittel-Rheins, niedergelassen haben, gewissermaßen als zurückgebliebene Nachzügler des großen Völkersturms. Im Band 1 dieser Reihe ist das näher beschrieben.

Doch die meisten Sarmaten – und auch ihre germanischen Nachbarn – von der nördlichen Balkan-Halbinsel bis hinüber in die Ukraine konnten nichts anderes tun, als sich der Herrschaft der Hunnen zu unterstellen. Dann wurde bei ihnen wenigstens nicht mehr geplündert und gemordet. Aber die unterworfenen Völker mussten den hunnischen Kriegern alles liefern, was diese für ihren Lebensunterhalt und für ihre Bequemlichkeit benötigten, und dem König der Hunnen mussten sie Hilfstruppen stellen, wenn der gegen weitere Nachbarn in den Krieg zog – und das geschah sehr oft. Mehrere Jahrzehnte dauerte diese entwürdigende, aber für die Bauern und Familienangehörigen der zum Fremddienst gepressten Krieger ereignislose Zeit.

So haben sicher auch sarmatische Reiter im Heer des Hunnenkönigs Attila in der berühmten „Schlacht auf den katalaunischen Feldern" im Norden Galliens (451 n. Chr.) mitgekämpft, auch wenn sie von den wenigen römischen Quellen nicht besonders erwähnt wurden. Diese Schlacht deutete das nahende Ende der Hunnenherrschaft an, denn Attila verlor sie, und damit war sein „Heil" beschädigt, die Aura der Unbesieglichkeit, die ihn bisher umgeben hatte.

Attila konnte mit einem Teil seiner Truppen nach Ungarn entkommen, und bereits im nächsten Jahr versuchte er erneut einen Feldzug gegen das weströmische Kaiserreich, indem er in Oberitalien einfiel. Doch eine Seuche, die auch seine eigenen Truppen bedrohte, machte auch diesem Versuch, sein Ansehen wiederherzustellen, ein baldiges Ende. Ein Jahr später (453) war der gefürchtete Hunnenkönig tot, angeblich im Brautbett gestorben.

Der hunnische „Staat", der nur auf der Furcht vor dem König Attila aufgebaut war, zerfiel schnell. Seine Söhne zerstritten sich, und die Germanenstämme in seinem ehemaligen Herrschaftsgebiet nutzten die Gelegenheit. Sie taten sich zusammen und besiegten die Hunnen in einer „Schlacht am Fluss Nedao", wohl 454. Von einem Tag zum anderen war damit die Hunnenherrschaft und damit auch die Furcht vor diesem Volk vorüber, spätestens zwei Jahre nach Attilas Tod.

Einige der Söhne Attilas begaben sich mit ihren Gefolgschaften als Söldner in den Dienst des Oströmischen Reiches (Hauptstadt Konstantinopel), andere flüchteten nach Osten und einige wenige unterwarfen sich nun ihrerseits den siegreichen Germanen.

II.

Aus Sueben und Turkerern werden „Schwaben"

1. Die Hunnen waren fort – aber jetzt mussten die Sarmaten auswandern

Mit dem Sieg der germanischen Völker auf der Balkanhalbinsel über die Hunnen waren zwar die gehassten fremden Herren verschwunden. Aber die bisher ereignislosen Zeiten dort waren auch vorüber. Denn nun begannen die dort lebenden germanischen Völker, sich gegenseitig anzugreifen.

Über die Gründe dafür hat die einzige antike Quelle für diese Vorgänge, der Historiker Jordanes [1], leider nichts berichtet. Dieser Jordanes soll seiner Abstammung nach angeblich ein Gote gewesen sein; doch scheint das nicht gesichert. Historiker trauen ihm manches Wissen über die seiner Zeit vorausgegangenen Zeiten der Hunnen-Herrschaft zu, aber er hat davon offenbar nur wenig verraten. Außerdem kennt man sein Geschichtswerk nur durch Auszüge, die ein etwas später Geschichtsschreiber in lateinischer Sprache, Cassiodor, überliefert hat.

Deutsche Historiker der Neuzeit haben sich – wenn überhaupt – ausschließlich mit den G e r m a n e n jener Zeit im Nordteil der Balkanhalbinsel beschäftigt und die wahrscheinlich mindestens ebenso zahlreichen S a r m a t e n in der gleichen Region völlig außer Acht gelassen.

Man kann aus den spärlichen Andeutungen des Jordanes nur schließen, dass die Ostgoten, die Gepiden, Heruler, Rugier, Sueben, Vandalen, Langobarden oder Skiren, diese Stämme

---

[1] Jordanes, Gotengescshichte, übersetzt von Dr. Wilhelm Martens, 2. Aufl., Reihe „Historiker des deutschen Altertums", Essen 1986

20

mit g e r m a n i s c h e r Sprache, die seit langem im heutigen Ungarn und Rumänien oder in der Nachbarschaft lebten, in den Jahren der hunnischen Zwangsherrschaft gehindert waren, ihre gegenseitigen Abneigungen mit dem Schwert kundzutun, wie sie das früher so gerne getan hatten. Die Furcht vor dem Eingreifen der hunnischen Oberherrn hatte das verboten. Jetzt konnten sie wieder nach Herzenslust aufeinander einschlagen.

Die daran nicht beteiligten Sarmaten in der Nachbarschaft muss das schwer betroffen haben. Wahrscheinlich nahm alle paar Monate ein hungriges Germanenheer seinen „Mundvorrat" von den Herden der Sarmaten mit, an denen es vorbei kam. Außerdem wurden vermutlich die Herden immer wieder von den durchziehenden oder kämpfenden Germanen in ein gefährliches „Stampede" versetzt.

Die Eigentümer dieser Herden, die sarmatischen Adligen, waren zwar tapfere Krieger, aber ihre kleinen Schwurgemeinschaften von Kriegern und Gesinde lebten nicht in enger Nachbarschaft mit anderen Sarmaten, sondern mit bewusst größerem Abständen zu den Herden des Nachbarn. Daher waren sie nun nicht in der Lage, sich gegen Heere von Germanen zur Wehr zu setzen, wenigstens nicht ohne längere Vorbereitungen.

Bei diesem Volk scheint es nie ein ausgeprägtes Gefühl einer „völkischen" Einheit gegeben zu haben (ebenso wenig übrigens wie bei den gleichzeitigen Germanen !!). Selbst die kulturelle Verbundenheit in den alten S t ä m m e n der Sarmaten, die sich vielleicht in gemeinsamen religiösen Riten und kultureller Verbundenheit zeigte - und höchstwahrscheinlich noch lange in einer gemeinsamen Farbe der Adelsmäntel -, war jetzt, nach dem Ende der Hunnenzeit, die so Vieles verändert hatte, im Verblassen.

Ein „vereintes Volk der Sarmaten" hätte vielleicht sich gegenüber den Germanen behaupten können, denn schließlich waren die Krieger dieses Volkes an Tapferkeit und Kampftüchtigkeit den Germanen wahrscheinlich durchaus ebenbürtig. Aber ein solches „vereintes Volk" gab es eben nie.

Die größten Einheiten von Kriegern, die sich noch zusammenfinden konnten, waren vielleicht die „Dracones" (Regimenter); sie waren wohl nicht nur im Militäreinsatz, sondern auch im zivilen Leben wohl organisierte Einheiten. Sie umfassten offenbar je ca. 500 – 600 Kriegern und höchstens 2000 Frauen, Kindern und Gesinde aus der unteren Kaste.

Die Befehlshaberschaft dieser Schwurverbände lag sicher bei den Anführern („Fürsten") der alten Adelsfamilien, deren jüngere Söhne gewissermaßen von Natur aus die unteren „Offiziersstellen" in diesen halb militärischen, halb zivilen Bevölkerungssplittern besetzten. Die adligen Familien in einem solchen Draco – untereinander vermutlich ziemlich nahe verwandt – könnten vielleicht insgesamt je etwa 40 – 60 Mitglieder gezählt haben.

Die vorstehenden Behauptungen sind, wie fast alle Feststellungen über die Sarmaten, nicht in irgendwelchen alten Schriften zu finden, sondern entstanden aus logischen Überlegungen, die man anstellen kann, wenn schon viele Indizien zusammen gekommen sind, die etwas über die Lebensweise dieses Volkes aussagen.

Bei den Sarmaten in Pannonien dürfte sehr rasch nach dem Ende der Hunnenherrschaft auf der Balkan-Halbinsel und damit dem Beginn der Kriege von Germanen untereinander der Gedanke aufgetaucht sein, aus der jetzt so ungemütlich gewordenen Heimat auszuwandern. Das konnte nur in relativ kleinen Gruppen geschehen; höchstens, dass sich zwei oder drei benachbarte Dracones zusammentaten, die wahrscheinlich auch durch eine Verwandtschaft der führenden Adelsgeschlechter verbunden waren.

Nur so lässt sich erklären, dass in der zweiten Hälfte des 5. Jahrhunderts n. Chr. überall in Osteuropa und auch in Mitteleuropa Anzeichen für die Ausbreitung sarmatischer Herrschaften über „einheimische" Bauern sichtbar werden und zur gleichen Zeit dieses einst große und menschenreiche Volk offenbar spurlos verschwindet (siehe dazu das Kapitel III.1 in diesem Buch).

Sehr wahrscheinlich lag es nicht nur am Fehlen antiker Autoren, die sich speziell für dieses Volk interessierten, sondern auch daran, dass eben ab dem Beginn des 6. Jahrhunderts einfach keine Sarmaten mehr da waren, über die hätte berichtet werden können.

Zwei solcher Auswanderungszüge von Sarmaten ins heutige Deutschland hatten langfristig bedeutende Wirkungen für unser Land. Schon bald nach dem Jahr 455 müssen zwei oder drei Dracones aus dem Sarmatenstamm der Jazygen von Ungarn aus nach Nordwesten gezogen sein, in den Tälern der March und der oberen Elbe bis durch den Durchbruch der Elbe durchs Elbsandsteingebirge und von dort weiter nach Westfalen. Ihr Schicksal und ihre spätere Entwicklung beschreiben die beiden Bände dieser Buchreihe **2: Die Westfalen und ihr weißes Ross,** sowie **3: Herzog Widukinds Geheimnis.**

Fast zu gleicher Zeit, vielleicht nur ein oder zwei Jahre später, zogen andere Sarmaten vom Stamm der Roxolanen auf dem gleichen Weg nach Thüringen. Möglicherweise hatten sich zu dieser Auswanderung alle Reste dieses Stammes zusammengetan, die noch in der pannonischen Puszta ihre Herden weiden ließen. Denn diese Neuankömmlinge waren immerhin so stark, dass sie rund um den Harz ein kräftiges Königreich begründen konnten. Erst durch einen blutigen Kriegszug der verwandten Könige der Merowinger aus dem fernen Gallien rund 80 Jahre später wurde dieses Königreich dem „Reich der Franken" einverleibt. Die Schicksale dieses Teils der Sarmaten beschreibt der Band **4: Thüringen war einmal ein Königreich.**

Doch zu gleicher Zeit scheint es auch Wanderungen von Sarmaten-Gruppen nach Norden (Böhmen, Galizien, Polen, Baltikum, deutsche Ostseeküste) und Osten und später auch nach Süden gegeben zu haben. Sie haben dort in jener Umbruchszeit Europas neue Völker begründet, jeweils gebildet aus einer „Unterschicht" von slawischen oder baltischen oder germanischen Bauern und einer „Oberschicht" von sarmatischen Adligen. Dies wird etwas ausführlicher und mit Quellenangaben dargestellt im Band **1: Sarmaten – Unbekannte Väter Europas.**

Um den Lesern dieses Buches wenigstens einen Überblick über diese bisher von der westeuropäischen Geschichtsforschung weitgehend übersehenen, aber so wichtigen Vorgängen zu geben, wird das Kapitel 1 im Teil III dieses Buches eine kurzgefasste Zusammenfassung der entsprechenden Erklärungen in Band 1 bieten.

2. Der Weg der Turkerer nach Schwaben

Einen anderen Weg und andere Gründe als die im vorigen Kapitel erwähnten Sarmaten zu ihrer Auswanderung nach Deutschland hatten die Sarmaten, die nach „Schwaben" kamen. Auch vollzog sich ihr Zuzug erst etliche Jahre nach den im vorigen Kapitel erwähnten „Völkerzügen".

Dieser Stamm der Sarmaten scheint im 5. Jahrhundert nicht im eigentlichen Pannonien (Ungarn) gelebt zu haben, sondern weiter südlich, im heutigen Serbien. Vielleicht war dieser Stamm daher zunächst nicht so stark von den ständigen Kriegen der Germanen auf der Balkanhalbinsel untereinander betroffen wie die weiter donau-aufwärts lebenden Sarmaten.

Zu diesem Stammesnamen „Turkerer" (in lateinischen Quellen „Torci" geschrieben) existiert ein Hinweis in der frühmittelalterlichen Geschichtsliteratur, den aber die modernen Historiker nie ernst genommen haben. Warum sollte auch „Torci" etwas anderes als „Türken" bedeutet haben ? Weil das aber historisch nicht passen konnte, hat die Geschichtswissenschaft ab dem 19. Jahrhundert diesen Hinweis in „Thuringi" oder ähnliche Worte umgedeutet oder aber am liebsten ganz außer Acht gelassen.

Die Geschichtsquelle, die diese „Torci" erwähnt, ist die sogenannte „Chronik des Fredegar" aus dem frühen 7. Jahrhundert. Dieser Mönch lebte im westlichen Teil des Frankenreichs und hat – anders als sein Vorgänger im Bemühen um eine aufklärung der Frühgeschichte der „Franken", Gregor von Tours – offenbar zahlreiche „Stories" gehört und aufgeschrieben, die bei alten Adelsgeschlechtern noch zu seiner Zeit m ü n d l i c h umliefen. Diese Geschlechter waren Nachkommen der sarmatischen Adligen, die die Fürsten aus der späteren Merowinger-Dynastie auf ihrem abenteuerlichen Weg von der Donau bei Budapest bis nach Nordfrankreich begleitet hatten. Hierzu Genaueres im Band **6** dieser Buchreihe : **Die Ahnen der Merowinger und ihr „fränkischer" König Chlodwig.**

Eine der von Mönch Fredegar festgehaltenen und so bis heute überlieferten Geschichte über die „Frühgeschichte" der Menschengruppe, die dann mit den später Merowinger genannten Anführern ihre Wanderung angetreten hatte, lautete (etwas verkürzt) so: Die „Franken" seien Nachkommen von Flüchtlingen aus dem von den Griechen eroberten Troja gewesen, später hätten sich diese geteilt in „Frigier" und „Makedonen", danach die „Frigier" nochmals , *„die Hälfte sei mit ihrem König Francio nach Europa gezogen, der andere Teil, der am Ufer der*

Donau zurückgeblieben war, erwählte sich Torcoth zum König,
nach dem sie in diesem Land Türken genannt wurden. "

So falsch und irreführend lautet die „offizielle" Übersetzung dieser Stelle Fredegars [2]. Was hatten wohl Vorgänge aus der ersten Hälfte des letzten v o r christlichen Jahrtausends (wenn sie denn irgendetwas Historisches zu bedeuten hatten) mit den T ü r k e n zu tun, die nachweislich erst etwa anderthalb Jahrtausende später in Erscheinung traten ?

Eine weitere Erwähnung dieser „Torci" oder „Turcilinger" – nun aus einer Zeit um das Jahr 470 n a c h Christi Geburt – findet sich wieder beim spätantiken Historiker Jordanes, der aber in seiner Art höchst einsilbig bleibt und es dem heutigen Historiker überlässt, aus einzelnen isolierten Bemerkungen sich ein v i e l l e i c h t zutreffendes Bild über die tatsächlichen Vorgänge zu machen.

Nach einem guten Jahrzehnt wilder Kämpfe zwischen Germanenstämmen auf der Balkanhalbinsel hatten sich offenbar die sarmatischen Turkerer einer Koalition von Germanen gegen das damals stärkste Volk in dieser Weltgegend, die Ostgoten, angeschlossen. „Suaven" (Sueben), Skiren, Gepiden und Rugier waren die Kampfgenossen. Doch die große Zahl von Bündnisgenossen sicherte nicht den Erfolg. Sie verloren die Entscheidungsschlacht gegen die Ostgoten. Das dürfte im Jahr 468 passiert sein [3].

Bereits im folgenden Winter, so berichtet Jordanes weiter, habe der ostgotische König Thiudemir, der Vater Theoderichs des Großen, einen Feldzug gegen einen Teil der besiegten Koalition angetreten, gegen die Sueben. Offenbar war dieser

---

[2]   Die Chronik Fredegars und der Frankenkönige, Ausgewählte Quellen zur Geschichte des deutschen Mittelalters (sog. Freiherr-vom-Stein-Gedächtnis-Ausgabe) , Wissenschaftliche Buchgesellschaft Darmstadt 1984, übersetzt von Andreas Kusternig,
[3]   Jordanes, Kapitel 54 (LIV)

26

Stamm ihm so verhasst, dass er auch die ganz entfernt lebenden Verwandten abstrafen wollte, die Sueben, *„die an der Quelle der Donau leben"*.

Dieser Feldzug sei auf dem Eis der im Winter zugefrorenen Donau erfolgt, vielleicht 1200 oder mehr Kilometer , bis in den Schwarzwald ! Laut Jordanes wurden dabei die Länder der Suaven und Alemannen, die dort benachbart lebten und wohl auch verbündet waren, *„verheert und fast unterworfen"*.

Hier erinnert der Bericht des Jordanes sehr an ähnliche „Erfolgsmeldungen" römischer Autoren über Kämpfe gegen Germanen. Viel mehr als ein paar angezündete und geplünderte Dörfer werden die Ostgoten wohl nicht als „Erfolg" zu verzeichnen gehabt haben.

Ein Jahr später – 469 oder 470 ? – kehrte (immer noch nach Jordanes) der junge Sohn Thiudemirs, Theoderich, von seinem ehrenvollen Aufenthalt als „Geisel" in Konstantinopel in die Heimat zurück. Sozusagen im Vorbeiziehen soll er dabei die Sarmatenkönige Babai und Beuka bei Singidunum (in der Nähe des heutigen Belgrad) besiegt haben, angeblich ohne Wissen des Vaters.

Wie hat der junge Mann das gemacht ? Hatte er ein ganzes Heer bei sich in Konstantinopel während seiner Zeit als „geachtete Geisel" ? Das ist eines der vielen kleinen Rätsel in dem Bericht des Jordanes, kein sehr weltbewegendes, aber eines, dessen Lösung wieder ein wenig mehr Klarheit über das Schicksal der so vergessenen Sarmaten bringen könnte.

Diese Stelle war übrigens wohl zeitlich die letzte in der spätantiken Literatur, in der der Völkername „Sarmaten" vorkommt. Zu welchem sarmatischen Stamm oder Reich diese Könige gehörten, erwähnt Jordanes nicht, es kann sich aber eigentlich nur um die zuvor erwähnten „Turkerer" gehandelt haben.

Was weiter auf der Balkanhalbinsel geschah, muss sich der an Geschichte Interessierte wieder mühsam zusammenreimen. Die aus der Schlacht gegen die Ostgoten entkommenen Krieger verschiedener germanischer Stämme dürften sich abseits der Reichweite der Ostgoten irgendwo in Pannonien unter der Führung des jungen Häuptlings der (germanischen) Skiren, Odoaker, gesammelt haben, darunter auch die Reste der sarmatischen Turkerer.

Noch im Jahr dieser Niederlage, spätestens im Jahr darauf (471) zog *„Odoaker, der König der T u r k i l i n g e n , mit Skiren, Herulern und anderen Hilfsscharen nach Italien,“* so schreibt Jordanes wörtlich. Damit begann dieser Mann den Kampf um die Herrschaft über die zusammengeschmolzenen Reste des Weströmischen Reiches. Dessen letzten Kaiser mit dem bezeichnenden Namen Romulus Augustulus setzte er 476 ab und machte sich nun auch formal selbst zum Herrscher dieses Reiches, wenn auch nicht mehr unter dem geheiligten Titel eines Kaisers, sondern eines „Königs von Italien“.

Der Begriff, den Jordanes bei dieser Gelegenheit dem Germanen Odoaker beilegt, *„rex Turcilingorum“*, muss nicht unbedingt bedeuten, dass der Skire nun plötzlich „König“ eines fremden Volkes geworden war. Vielleicht sollte zu dieser Zeit, wo es ein reiches Angebot von „reguli“ gab, – ein beliebter Ausdruck in spätantiken Berichten über „Kleinkönige“ der verschiedensten Völker – nur bedeuten, dass Odoaker die Anführerschaft über die Reste der Torkilinger übernommen hatte.

Was mit diesen Leuten weiter geschah, muss man wieder raten. Vermutlich hatte Odoaker die ja durchaus noch kampfkräftigen sarmatischen Reiter aus dem Stamm der Turkerer (einschließlich ihres unvermeidlichen Gefolges von Familien und Gesinde aus der unteren Kaste) zunächst mit nach Italien genommen und in seinen Kämpfen zur Erringung der Macht dort eingesetzt.

28

Doch als er die Macht hatte, war er wie jeder bisherige römische Kaiser bedacht, auch noch die Reste zu wahren und zu sichern, die diesem Reich noch geblieben waren. Dazu gehörten zwar schon längst nicht mehr Britannien, Spanien, Gallien und Nordafrika, aber immerhin noch Italien und nördlich der Alpenkette die Provinzen Raetia und Noricum.

Die letztere Provinz bestand etwa aus dem heutigen Österreich südlich der Donau, die noch immer die formale und praktische Nordgrenze des Reiches war. Raetia deckte sich grob mit Bayern südlich des Stromes und der Schweiz. Nur im Westen dieser Provinz hatte schon vor 200 Jahren ein Einfall der Alemannen die Grenze des Römischen Reiches weit zurück gedrängt, bis an den Bodensee. Ein etwas provisorischer Limes entlang des Lech bis zur Donau und südlich des Bodensees bis zum Rheinknie beim heutigen Basel sollte die Grenze sichern.

Die „Sueben", die ein paar Jahre zuvor von den Ostgoten angegriffen worden waren, lebten im östlichen Teil dieses „Zipfels", der die einstige römische Limes-Linie so unerhört lang und angreifbar machte. Formal hatten sie nicht einmal zum Weströmischen Reich gehört, das der neue „König von Italien" Odoaker als seinen Machtbereich ansah. Aber ihre „Vettern" in Pannonien waren einst Verbündete im Kampf gegen die verhassten Ostgoten gewesen, sie selbst hatten durch deren Strafexpedition gelitten und waren genau wie Odoaker erbitterte Feinde dieses Stammes. Außerdem konnte die Sicherung eines einst zum Reich gehörenden Außenbezirks gegen fremde Feinde dem Reich Odoakers nur nützlich sein.

So klingt es logisch, dass Odoaker sich sehr bald entschieden haben muss, diesen natürlichen Verbündeten jenseits der Grenze im Norden einen Schutz in Form der Turkerer aus seinem Heer zu schicken, Menschen, die ebenfalls Todfeinde der Ostgoten waren und zugleich tüchtige Krieger.

Offenbar sind fast alle Turkerer daher etwa um das Jahr 477 aus Italien über die Alpen gezogen und haben sich dort verteilt, wo heute „schwäbisch" gesprochen wird (siehe hierzu das Kapitel II 4). Auch andere deutliche Hinweise auf die lange andauernde Anwesenheit von Sarmaten und Adelsfamilien aus diesem Volk sind noch heute sichtbar (siehe dazu das Kapitel II.5). Mit den dort ansässigen Sueben haben sich die Zuwanderer offenbar von Anfang an gut vertragen. Sie waren ja zu deren Schutz gekommen und vereint im Hass gegen die Ostgoten.

3. Die Sueben: ein Volk überall und nirgends

Bevor genauer auf die „Turkerer" eingegangen werden kann, denen ja eigentlich dieser Band gewidmet ist, ist es notwendig, ihren „Mitbewohneren" etwas Aufmerksamkeit zu widmen, den Sueben.

Außer den Goten gibt es wohl kein germanisches Volk oder Stamm, der im Laufe der römischen Antike an so vielen verschiedenen Stellen Deutschlands und Europas genannt wird wie die Sueben.

Julius Caesar beschreibt in seinem berühmten „Gallischen Krieg" eine dramatische Schlacht, die er sich im oberen Elsass mit dem Sueben-König Ariovist liefern musste, und die er nur mit viel Glück gewann. Das war im Jahr 58 v. Chr. Der König und sein beachtlich großes Heer müssen irgendwo aus Nordostdeutschland gekommen sein, sie hatten schon einen großen Teil des Gallier-Landes besetzt, das doch der römische Heerführer Caesar für sich erobern wollte.

Archäologen halten die Sueben für den Hauptteil der „Elbgermanen", deren Wohngebiete v o r der Zeitwende sie nach ihren Ausgrabungen in Deutschland östlich der Elbe und südlich der Ostsee bis zur Oder platzieren. An einer Moorleiche in Schleswig-Holstein (Osterby) hat man den nicht verwesten Haarschopf mit dem typischen „Sueben-Knoten" gefunden, bei dem das lange Haupthaar auf der rechten Kopfhälfte zu einem Knoten geschlungen wurde. Diese Haartracht für die freien Krieger soll auch später bei vielen Stämmen, die sich suebischer Herkunft oder die die Historiker und Archäologen diesem Volk zurechnen, üblich gewesen sein.

Größere Gruppen von Sueben müssen später auch in der Nähe des Mains und einige auch am unteren Neckar gelebt haben, wie man aus Erwähnungen bei römischen Schriftstellern schließen muss.

Vermutlich, so nehmen deutsche Historiker heute an, haben sich verschiedene germanische Stämme in der Region gerne als Sueben gefühlt, weil deren Prestige so groß war. Jedenfalls werden die Semnonen, Langobarden, Hermunduren, Markomannen, Quaden und andere Germanen, die im Lauf der römischen Kaiserzeit als Nachbarn des Reiches oder Kriegsgegner nördlich der oberen Donau erwähnt werden, als Teile der Sueben angesehen; so sah sie auch Tacitus (um 100 n. Chr.) .

Für längere Zeit wurde der Begriff „Sueben" von den römischen Historikern nicht erwähnt, sondern nur der eine oder andere eben genannte Völkername. Erst zur Zeit der Völkerwanderung (gemeint ist die „germanische" Völkerwanderung im 5. Jahrhundert) taucht der Name wieder auf. Sueben sollen neben den Vandalen und (sarmatischen !) Alanen das dritte wichtige Volk gewesen sein, das an dem berühmten Rheinübergang vom Sylvestertag 406 bei Mainz teilnahm. Zusammen mit den anderen Stämmen durchzogen sie (und plünderten) im folgenden Jahr Gallien und kamen bis nach Spanien.

Hier auf der Pyrenäen-Halbinsel gelang den Anführern dieser Sueben ein Triumph: sie konnten im Westen dieser Halbinsel (im heutigen Portugal und Nordwestspanien, der jetzt Galizien genannten Provinz) ein Königreich errichten, das sich gut 180 Jahre hielt, bis es von den inzwischen dort herrschenden Westgoten erobert wurde.

Andere Gruppen von Sueben müssen neben den vielen anderen Stämmen mit germanischer Sprache schon vor der Hunnenzeit an der mittleren Donau ansässig geworden sein, vielleicht in der Slowakei und Ungarn. Ob der wieder auftauchende Name eine historische Rückerinnerung war, oder nur eine „Notbezeichnung" für Germanen, die damals n i c h t zu den Langobarden oder Quaden in dieser Region rechneten, weiß man nicht.

Jedenfalls zählten Krieger der Sueben zu de Koalition, die sich mit den Goten irgendwo in Pannonien die verhängnisvolle Schlacht lieferten und verloren, die auch die sarmatischen Turkerer so stark schwächte. Von den „Donau-Sueben" hat man seitdem kein Wort mehr gehört. Vermutlich gehörten ihre Reste zu dem Heerhaufen germanischer Krieger, die Odoaker kurze Zeit später nach Italien führte und mit denen er sich für mehr als ein Jahrzehnt dort seine Herrschaft als „König von Italien" sicherte.

Doch diese „Donau-Sueben" hatten ja Verwandte im heutigen Südwestdeutschland. So jedenfalls überliefert Jordanes die Überzeugung ihrer Feinde, der Ostgoten. Gegen diese Verwandten richtete sich ja der schon erwähnte Kriegszug auf dem Eis der zugefrorenen Donau im Jahr 469.

Es ist ein merkwürdiges Phänomen, dass dort, wo die Sueben zweifelsfrei zu „Schwaben" wurden, also östlich und südöstlich von Stuttgart, ihre Herkunft und historische Entwicklung die deutsche Geschichtsforschung kaum interessiert hat. Mangels schriftlicher Quellen wird mit falschen Behauptungen und blumigen Floskeln in Wirklichkeit nur das Nichtwissen der Fachleute verborgen.

Dort sollen nämlich die Sueben durch eine „zweite Ethnogenese" aus den Alemannen entstanden sein (so die neueste Eintragung bei Wikipedia). Doch die erheblichen Unterschiede zwischen „Alemannen" und „Schwaben" heute noch und offenbar auch schon lange in der Geschichte zurückliegend – werden im nächsten Kapitel näher behandelt.

Die Archäologen, die die materiellen Hinterlassenschaften historischer Völker usw. zutage fördern, sind selbst ja keine Historiker im engeren Sinne, sondern müssen sich bei der Benennung ihrer Funde nach den Erkenntnissen der gleichzeitigen Geschichtswissenschaft richten. Und hier haben offenbar Norddeutsche viel Verwirrung angerichtet. Anders ist es kaum zu erklären, dass die Funde aus der Völkerwanderungszeit im einwandfrei „schwäbischen" Gebiet, beispielsweise der „Fürstenresidenz" in Wittislingen (Bayer. Schwaben), als „alemannischer Herkunft" gekennzeichnet werden.

Hatten die langjährigen Verbündeten der Alemannen zur römischen Zeit, die Juthungen, später ihren Namen in Sueben geändert ? Sie waren im 3. und noch im frühen 4. Jahrhundert zusammen mit den Alemannen mehrfach in römische Gebiete südlich der Alpen eingefallen. Auch diese Theorie wurde geäußert. Und ein anderer renommierter Historiker [4] verschweigt in seinem Überblicksband über die germanischen Stämme in Deutschland zu Beginn der Völkerwanderungszeit die Bewohner Südwestdeutschlands ohnehin völlig.

In einem früheren Buch [5] hat der Autor die Lebenssituation in Südwestdeutschland um das Jahr 500 n. Chr. beschrieben, damals noch ohne das Wissen über die Bedeutung der Sarmaten für die späteren „Deutschen". Doch einige Sätze daraus können auch heute noch zitiert werden.

---

[4] Herwig Wolfram, Das Reich und die Germanen, Berlin 1990
[5] Reinhard Schmoeckel, Bevor es Deutschland gab, Bergisch-Gladbach 2000, S. 478

Auch im heute so dicht besiedelten Bundesland BadenWürttemberg waren damals in Wirklichkeit nur kleine Teile wirklich bewohnbar. Wie im Altertum bedeckte auch im Frühmittelalter dichter, nur an den Rändern wirtschaftlich verwertbarer Wald den größten Teil des Landes.

Der Geograf Otto Schlüter hat 1952 nach jahrzehntelangen Forschungen eine Karte über die „Siedlungsräume Mitteleuropas in frühgeschichtlicher Zeit" veröffentlicht. Trotz mancher Einzelkritik bietet diese Karte heute noch ein im Prinzip zutreffendes Bild der landschaftlichen Situation zu Beginn des Mittelalters. Zieht man nun auf dieser Karte Kreise, oder richtiger Ellipsen, um die besiedelbaren Teile des deutschen Südwestens, dann treten sofort sechs oder sieben größere Gaue hervor, die Kernzonen der Herrschaftsbereiche wichtiger Herren gewesen sein dürften.

Einer dieser Gaue war ohne Zweifel das Land rund um den Bodensee, von dessen nordwestlichen Ende eine Zone dichterer Besiedlung sich durch den Hegau nach Norden zog, etwa zwischen den heutigen Städten Singen und Donaueschingen. Eine zweite relativ dicht besiedelte Region , aber von der ersten durch dichte Wälder getrennt, zog sich beiderseits des Hochrheins von Schaffhausen bis Basel. Auch das Oberrheintal von Basel bis Offenburg und Straßburg war dicht besiedelt, allerdings nur in zwei ziemlich schmalen Streifen zwischen der sumpfigen Flussniederung mit ihren vielen Altwassern und dem Anstieg zum Schwarzwald und den Vogesen. Rechtsrheinisch hieß das Gebiet später Breisgau, linksrheinisch Elsass (zeitweise Sundgau).

Nach der heutigen Dialekt-Verbreitung dürften das die Wohngebiete von „Alemannen" gewesen sein. Der ganze Höhenzug des Schwarzwaldes war im Frühmittelalter praktisch menschenleer und lag damit wie ein Sperrriegel zwischen den westlichen und den östlichen Siedlungsinseln.

Östlich des Schwarzwalds zog sich vom mittleren und oberen Neckar ein weiteres Siedlungsgebiet nach Süden bis zur oberen Donau. Hier dürfte Cannstadt (heute ein Stadtteil von Stuttgart) Sitz eines Gaufürsten gewesen sein. Eine letzte Teilregion (im Buch des Autors vom Jahre 2000 noch fälschlich als „alemannisch" bezeichnet) hat sich vermutlich im Tal der oberen Donau bis etwa Donauwörth und den Lech aufwärts bis südlich von Augsburg erstreckt. Möglicherweise lag ein Fürstensitz für diesen Gau einmal bei Wittislingen (bei Lauingen an der Donau), denn dort wurde ein ausgesprochenes Fürstengrab aus der fraglichen Zeit ausgegraben.

So weit die Zitate aus dem älteren Buch des Autors. Nach der jetzigen Überzeugung des Autors, gewonnen aus zahlreichen weiteren Forschungen, waren die Regionen ö s t l i c h des Schwarzwaldes damals die Wohnsitze der „Suebi". Die Begründungen dafür werden gleich in den folgenden Kapiteln geliefert.

4. Warum „schwäbeln" die Schwaben ?

Das Rätsel der tatsächlichen ethnischen Herkunft der „Sueben" auf der Schwäbischen Alb vor 1500 Jahren kann hier nicht gelöst werden. Eine enge räumliche Nähe mit den frühen Alemannen ist unbestreitbar , und auch sprachliche und kulturelle Verwandtschaft ist nicht zu leugnen.

Dennoch, wenn man genauer hinblickt, trennt die beiden Bevölkerungsgruppen auch Vieles. Die Mundarten weisen erhebliche Unterschiede auf, zumindest in den Familien, wo vielleicht selbst heute noch ziemlich unverfälschtes „Alemannisch" oder „Schwäbisch" gesprochen wird. Im Alemannischen heißt das „Haus" „Hus", „gewesen" wird als „gsi" ausgedrückt, der „Wein" heißt „Wi", der „Bauer" „Bur". Es gibt zahllose andere Beispiele.

Dialektforscher haben , eine „Karte der deutschen Mundarten" erstellt [6].

„Schwäbisch" gesprochen wurde, grob gesagt vom Neckar bis zum Lech. Er umfasst Gebiete sowohl in Württemberg wie in Bayern.

Alemannisch wurde damals und wird vielfach noch heute in den Familien und Dörfern gesprochen im ganzen Oberrheintal und rund um den Bodensee, im südlichen Schwarzwald und in

---

[6] Karl Bohnenberger. Die Alemannische Mundart. Umgrenzung, Innengliederung und Kennzeichnung. Tübingen 1953

der westlichen Alb, im Elsass sowie im ganzen deutschsprachigen Teil der Schweiz und im österreichischen Vorarlberg.

Ganz sicher haben die späteren politischen Entwicklungen nach dem Jahr 476 viel zur Auseinanderentwicklung der Sprachen, der Kultur und der Menschen im späteren deutschen Südwesten beigetragen, zum Beispiel die jahrhundertelange Trennung des Gebiets in das (protestantische) Württemberg und das (katholische) Baden. Doch auch davor, als das ganze Gebiet noch zu einem gemeinsamen Herzogtum „Schwaben" gehörte (noch davorhieß das gleiche Herzogtum „Alemannien" !) müssen die Unterschiede „unüberhörbar" gewesen sein, wenigstens in der Sprache.

Viele spricht dafür, dass diese Dialektverschiedenheiten mindestens seit der Zeit bestehen , als die sarmatischen Turkerer nach Südwestdeutschland kamen und sich zum Schutz der Sueben in der Nähe von deren kleinen Dörfern ansiedelten und im Lauf der Zeit zu Herren der Menschen dort wurden, also seit etwa 1500 Jahren.

Die Sprache dieser Sarmaten ist nicht näher bekannt, sie dürfte der damaligen Sprache der Perser ähnlich gewesen sein, die man aus alten Inschriften relativ gut kennt. Aber was man bestimmt nicht kann, das ist die einstige A u s s p r a c h e der Wörter aus den Keilschrifttexten zu entnehmen, in denen das Persisch der Zeit um 500   v o r   Christi Geburt „verewigt" wurde.

Die bisherigen Forschungen zur Ausbreitung von Sarmaten im späten 5. Jahrhundert in große Teile von Ost- und Mitteleuropa haben ergeben, dass nirgendwo diese Herren ihren neu entstehenden Völkern ihre Sprache aufgedrängt, sondern stets die Sprachen der (fremden) Unterschicht angenommen haben. Das schließt aber nicht aus, dass gewisse Spracheigentümlichkeiten aus dem Sarmatischen in die neuen Sprachen übergegangen sind, vielleicht in der Aussprache, in manchen Redewendungen usw.

Vielleicht können Sprachwissenschaftler gerade hier im deutschen Südwesten aus den Ähnlichkeiten und doch unleugbaren Unterschieden des alemannischen und schwäbischen Dialekts ein wenig von den Eigentümlichkeiten der unbekannten s a r m a t i s c h e n Sprache rekonstruieren. Dafür müssten sie allerdings die vom Autor dieses Buches dargestellten Behauptungen auch glauben oder wenigstens für wahrscheinlich halten.

5. Die geheimnisvollen Pferdegräber

Um diese Wahrscheinlichkeit zu unterstützen, ist jetzt eine weitere Karte zu erwähnen und zu erklären, die sich im Laufe der Forschungen zu den Sarmaten ergeben hat (siehe S. 40/41). Die Zeichen auf dieser Karte decken sich geradezu verblüffend genau mit der Region, die auf S. 36 als Verbreitungsgebiet der „schwäbischen Mundart" gekennzeichnet wurde. Es handelt sich um eine Karte, auf der die sogenannten „Pferdegräber" in Südwestdeutschland kenntlich gemacht werden. Was hat es damit auf sich?

Seit Menschen auf Pferden reiten gelernt hatten, sind immer wieder einmal solche treuen Helfer nach ihrem Tod sorgsam beigesetzt worden, auch wenn in der Regel Arbeitstiere „auf den Schindanger" kamen und vielleicht vorher aufgegessen wurden.

Solche Pferdegräber sind natürlich auch den Archäologen aufgefallen; sie konnten feststellen, wo sie häufig anzutreffen waren und worin sie sich im Detail unterschieden. E r k l ä - r u n g e n für diese Unterschiede kann jedoch die Wissenschaft der Archäologie mangels zuverlässigen h i s t o r i - s c h e n Wissens nicht liefern - - und wenn sie es dennoch versucht, dann kommen häufig Fehlurteile heraus. Doch die sind dann äußerst langlebig, weil wiederum die H i s t o r i - k e r sich auf die „Erkenntnisse" der Archäologie verlassen und sich keine Mühe geben, selbst genauer zu forschen. Bei den Pferdegräbern der Sarmaten ist dieser „Systemfehler" besonders auffallend und bedauerlich.

Archäologische Grabungen haben inzwischen in Mitteleuropa, z. T. darüber hinaus, mehrere hundert Gräber festgestellt, in denen Pferde beigesetzt wurden [7]. In sehr vielen Fällen waren diese Pferdegräber ganz in der Nähe menschlicher Körpergräberfelder angelegt, selten aber waren ein Reiter und ein Pferd in e i n e m Grab beigesetzt (das sind dann sog. „Reitergräber"). Von den menschlichen Körpern waren viele unverbrannt beigesetzt worden, doch fiel auf, dass auch zahlreiche Brandgräber auf dem gleichen Friedhof anzutreffen waren.

Dieser Zusammenhang zwischen menschlichen Körper- und Brandgräbern sowie Pferdegräbern ist wohl von archäologischer Seite nie näher untersucht worden, er ist aber aus den

---

[7] Eine frühe Zusammenstellung älterer, regional erstellter Listen aus den 50er und 60er Jahren des 20. Jahrhunderts stammt von M. Müller-Wille, Pferdegrab und Pferdeopfer im frühen Mittelalter, in: Jahrbuch des Rijksdienst voor Oudheidkundig Bodemonderzeog 20/21 (Niederlande, 1972), S. 119 - 248

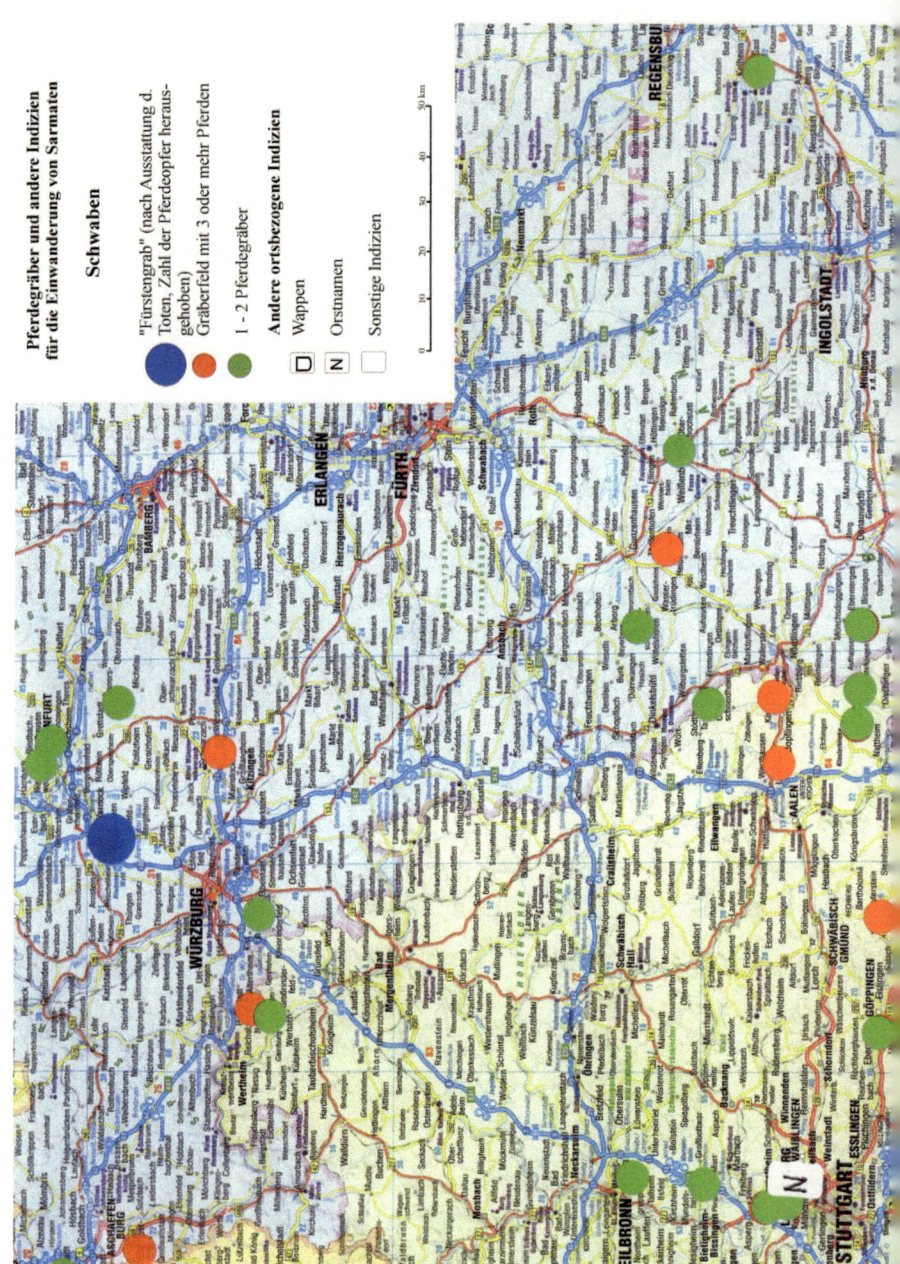

**Pferdegräber und andere Indizien
für die Einwanderung von Sarmaten**

Schwaben

● "Fürstengrab" (nach Ausstattung d.
Toten, Zahl der Pferdeopfer heraus-
gehoben)
● Gräberfeld mit 3 oder mehr Pferden

● 1 - 2 Pferdegräber

Andere ortsbezogene Indizien

☐ Wappen

Ⓝ Ortsnamen

☐ Sonstige Indizien

40

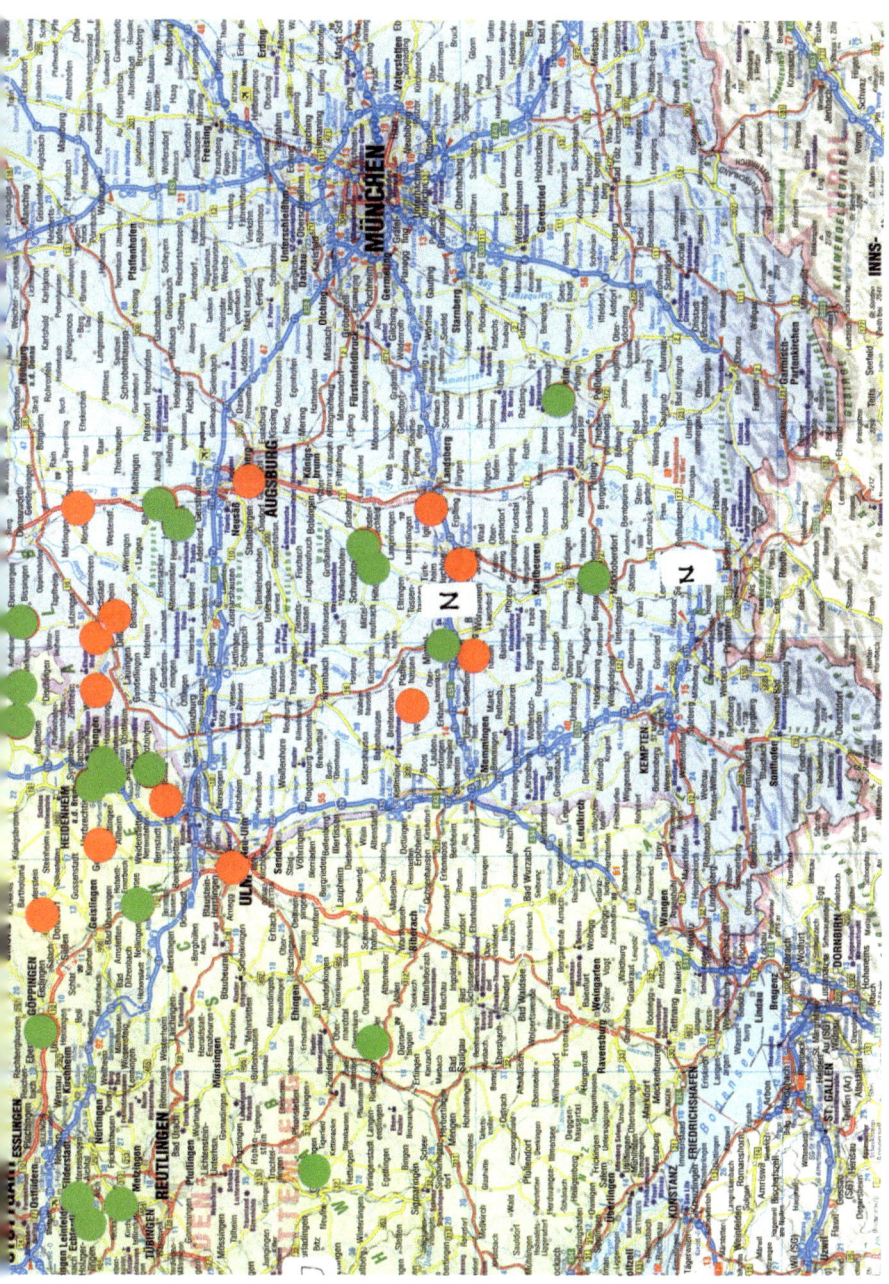

41

Glaubensvorstellungen der irano-arischen Sarmaten leicht zu erklären (s. oben S. 12).

Der besondere Ritus der Pferdeopfer lässt sich daran erkennen, dass fast immer Hengste, gelegentlich auch Wallache, geopfert wurden, indem den Tieren, die bereits in der Grabgrube standen, mit einem Schwert der Kopf abgetrennt und der Kopf in einer besonderen Nische abgelegt wurde [8]. Hengste galten als die edleren Tiere, doch Stuten sorgten für neue Geburten von Fohlen und somit für den Wertzuwachs der lebensnotwendigen Pferdeherden bei den Sarmaten. Sie durften normalerweise nicht geopfert werden.

Der erst im Frühmittelalter – genauer in der zweiten Hälfte des 5. Jahrhunderts n. Chr. – aufgekommene Brauch von Pferdebestattungen in Mitteleuropa ist von der archäologischen Wissenschaft bisher immer für eine germanische Sitte gehalten worden, oder für einen Brauch, den Germanen infolge von *„Fernbeziehungen, eventuell zu Reiternomaden aus dem Südosten"* übernommen hatten [9].

Historische Fakten belegen jedoch, dass die hier beobachteten Pferdegräber n i c h t von den „klassischen" Reiternomaden des Frühmittelalters stammen können.

• H u n n e n legten nur Pferdehäute und –köpfe ins Grab ihrer gefallenen und bestatteten Krieger [10] Außerdem waren sie ab der Mitte des 5. Jahrhunderts bereits aus Europa

---

[8] Diese Zusammenfassung von zahlreichen Untersuchungen ist der Dissertation von Verena Freiin von Babo, Pferdebestattungen auf dem frühmittelalterlichen Gräberfeld Drantumer Mühle, Gem. Emstek, Kreis Cloppenburg, Diss. Hannover 2007, zu verdanken, die auch die meisten anderen Pferdebestattungen in Mitteleuropa einer statistischen Auswertung unterzogen hat.

[9] Heiko Steuer, Pferdegräber, in Bd. 23 des Reallexikons d. german. Altertumskunde, Berlin-New York 2002, Sp: 50 - 96

[10] Peter Tomka, Übeer die Bestattungssitten der Hunnen, im Katalog „Attila und die Hunnen" zur entsprechenden Ausstellung Speyer 2007, S. 256

wieder verschwunden, b e v o r dort die Pferdegrabsitte auftrat.

- A w a r e n, ein anderes Reiterkriegervolk aus Innerasien, vermutlich turk-mongolischer Abstammung, fielen erst ab 560 in O s t europa ein; zu dieser Zeit war die Pferdegrabsitte in M i t t e l europa bereits voll ausgebildet.

- G e r m a n i s c h e Ostgoten, Gepiden und Langobarden haben offenbar den besonderen Brauch der Pferdegräber in der beschriebenen Form ausgeübt (vermutlich auf sarmatische Anregung hin), aber in ihrer H e i m a t während der Völkerwanderungszeit, nämlich in Pannonien, Mähren, Niederösterreich, später in Italien. Nach Mitteleuropa kamen diese Völker nicht, jedenfalls nicht in größerer Zahl.

Die in Mitteleuropa beobachtete Beisetzungsart ist jedoch typisch für das Reiterhirtenvolk der S a r m a t e n , wie archäologische Forschungen für hunderte derartiger Gräber aus der Frühzeit des Volkes in der Ukraine und Südrussland zeigen [11].

Die bisher veröffentlichten Karten von Pferdegräbern in archäologischen Fachaufsätzen [12] täuschen durch ihre starke Verkleinerung eine große Häufigkeit solcher Gräber vor. Selbst wenn man annimmt, dass es vielleicht in ganz Deutschland einst 1000 Pferdegräber gegeben hat, von denen man bis jetzt nur ein Drittel gefunden hat, sind es doch sehr wenige im Ver-

---

[11]   U.a. Jaroslaw Lebedynsky, Les Sarmates, Amazones et lanciers cuirassés entre Oural et Danube VIIe siècle av. J.C. ¨ – VI ^{e} siècles apr. J.C. : edition Errance , Saint –Germain-de Puys (Frankreich), 2002, ISBN 2-87772-235-X

[12]   So z. B. die von Vera Brieske, Karte Verbreitung frühmittelalterliche Pferdegräber 5. – 8. Jh. nach Müller-Wille (1972) und Gebers (2005). In „Die Herrschaften von Asseln – ein frühmittelalterliches Gräberfeld am Dortmunder Hellweg" (Ausstellungskatalog München-Berlin 2007, S. 102)

hältnis zu den vielen tausenden von menschlichen Körpergräbern der Germanen im Frühmittelalter, die bereits geborgen wurden. Sie verteilen sich noch dazu über zwei Jahrhunderte. Auf der Karte (S. 40/41) überdeckt jedes Zeichen für ein Grab gut 20 Quadrat k i l o meter, während es doch in Wirklichkeit nur zwei oder drei Quadrat m e t e r sind !

Sehr auffällig ist jedoch die ganz unterschiedliche r e g i o n a l e Verteilung. Auf der hier abgebildeten Karte von Südwestdeutschland fällt das nicht so auf wie auf einer Karte von ganz Deutschland.

Pferdegräber „sarmatischer" Art finden sich im Wesentlichen:

- in einem großen Halbkreis östlich um den Harz herum (siehe dazu Band **4** dieser Reihe: **Thüringen),**
- im Raum zwischen Hamburg und den nordöstlichen Niederlanden, östlich der unteren Elbe, aber nicht im damals wohl friesischen Gebiet nahe der Küste (Näheres dazu im Band **3: Widukinds Geheimnis**);
- im nordöstlichen Westfalen, westlich des Eggegebirges, bis ins südöstliche Münsterland. Hierzu mehr in Band **2: Die Westfalen und ihr weißes Ross".** Die bergigen Teile (Sauerland) sind ausgespart.
- am Niederrhein von Köln bis westlich Arnheim (Niederlande); auch hierzu wird in Band 2 einiges erklärt.
- in einem Umkreis von ca. 60 Kilometern rund um Mainz, auf allen Ufern von Rhein, Main und Nahe. Hierzu ist im Band **1** der Reihe „**Sarmaten, Unbekannte Väter Europas",** S. 79 f. Näheres ausgeführt.
- südlich und nördlich der oberen Donau, nicht im Schwarzwald und weiter westlich, aber im Allgäu und auf der

Schwäbischen Alb. Ausführliches zu dieser Region in diesem Band.

Vorkommen von Pferdegräbern in Nordfrankreich – auch dort gibt es erstaunlich viele davon, vor allem im Grab des Königs Childerich (siehe dazu den Band **6 Die Ahnen der Merowinger und ihr ‚fränkischer' König Chlodwig**) - wurden hier nicht berücksichtigt, weil sie von der deutschen archäologischen Forschung nie in ihre Auswertung derartiger Gräber in Listen und Karten einbezogen wurden. Ein deutscher Archäologe stellte zwar die Identität besonderer Pferdegräber von Childerichs Grab in Tournai mit mehreren Fällen in Niedersachsen und Thüringen fest, zog aber keine Schlussfolgerungen daraus. Für ihn waren es alles „germanische Gräber" [13].

Die in diesem Band abgedruckte Karte beruht auf einer erneuten Durchmusterung der Fundlisten und -karten deutscher Archäologen durch den Autor. Nur eine A u s w a h l von Pferdegräbern wurde hier einbezogen, da die alten Listen zumeist vor Jahrzehnten, vielfach schon im 19. Jahrhundert erstellte Grabungsberichte benutzten, die noch keinen Unterschied zwischen den Grabsitten oder der Zeitstellung machten. Daher mussten für die in diesem Band (und in den anderen Bänden der Reihe) veröffentlichten Karten relativ wenige, aber aussagekräftige Fundorte ausgewählt werden.

Andererseits konnten bei den neu erstellten Karten auch andere Indizien einbezogen werden, die auf sarmatische Spuren an einer bestimmten Örtlichkeit hindeuteten. Die Bedeutung der verschiedenen Farben der Markierungspunkte sind auf der abgedruckten Karte selbst erläutert. Zu den weißen Markierungen (Wappen, Ortsnamen und sonstige Indizien) sind an passenden Stellen dieses Bandes Erklärungen zu lesen.

---

[13] Wilhelm Gebers, Auf dem Wege nach Walhall – Die Pferde der Altsachsen, S. 35 f. (Katalog zur Ausstellung Lohne 2004) .

Gerade die neuen, vom Autor erstellten Karten Deutschlands zeigen, dass viele im Frühmittelalter von G e r m a n e n bewohnte Gegenden Mitteleuropas k e i n e Pferdegräber aufweisen, andere Regionen dafür umso mehr. Es kann sich dabei also nicht, wie oft von deutschen Archäologen behauptet, um eine von Germanen a l l g e m e i n geübte oder aus der Fremde angenommene Sitte gehandelt haben.

Das Erstaunlichste an diesen Feststellungen ist, dass offenbar die frühesten dieser Pferdegräber erst in der zweiten Hälfte des 5. nachchristlichen Jahrhunderts angelegt wurden, im heutigen Niedersachsen sogar erst ab der Mitte des 7. Jahrhunderts. Moderne Tests an Pferdeskeletten nach der C 14-Methode, die erst jüngst durchgeführt wurden, unter Anderem von der Veterinärmedizinerin Freiin von Babo, haben das einwandfrei nachgewiesen.

6. Turkerer im Land der Sueben: Weitere Anzeichen

Die regionale Begrenzung des Dialekts „Schwäbisch" und der Pferdegräber sind keineswegs die einzigen Indizien, dass einst „Turkerer" ins Land der „Suebi" gekommen sind,

Manche alte Ortsnamen sagen vermutlich etwas darüber aus. Heute als ein Teil des Stuttgarter Gebiets gibt es die Dörfer Ober- und Unter-Türkheim, vielen bekannt als Sitz der Fertigung der berühmten Mercedes-Kraftwagen. Dörfer mit dem Namen Türkheim oder Türkendorf finden sich aber auch im südöstlichen Zipfel des „Pferdegräber-Gebiets"in der Umgebung von Landshut am Lech sowie bei Geislingen/Steige. In der Stadt Esslingen südöstlich von Stuttgart findet sich eine „Villa Türkheim" , die nach Erklärungen des dortigen Stadtarchivs vor Jahrhunderten von Adligen (aber bestimmt nicht von Türken !) erbaut worden sein soll [14].

Es soll nicht verschwiegen werden, dass der Ortsname Türkheim auch im Elsass, in der Nähe von Colmar auftaucht, also in einem (zumindest früher) alemannischen Sprachgebiet (siehe dazu S. 77 .

Alle diese Orte können ihre Namen gewiss nicht vom heutigen Volk der Türken erhalten haben. Als diese vor knapp 1000 Jahren in Kleinasien auftauchten, bestanden die alten kleinen Dörfer in Südwestdeutschland meist schon lange.

Aufhorchen lässt auch der Name der Landeshauptstadt Stuttgart. Die Erklärung dieses Namens ist „Stuten-Garten", also nichts anderes als ein früher „Pferdehof" (oder „Pferde-Zuchtstation"). Die Sarmaten waren bekanntlich ein Reiterhirten-Volk, und die Turkerer als Teil davon eben auch. Die zahlreichen Pferdegräber belegen die enge Beziehung auch der Turkerer zu Pferden, die natürlich nicht nur als Opfertiere dienten, sondern auch gezielt gezüchtet werden mussten.

Ob dieser Ort „Stut-gart" tatsächlich erst im 10. Jahrhundert entstanden ist, wie die Stadt-Historiker behaupten (weil sie kein früheres Schrift-Dokument dazu kennen), ist sehr fraglich. Auch das Wappen der Stadt – ein schwarzes, nach links springendes Pferd auf goldenem Grund – verrät vielleicht mehr über die Geschichte dieses Ortes, als die heutigen Heraldiker ahnen. Dazu mehr im Kapitel 8.

Dicht bei diesem „Stuten-Garten" liegt (Bad) Cannstatt. Dort hat ganz offensichtlich in etwas späterer Zeit, in der ersten Hälfte des 8. Jahrhunderts, ein „Herzog" seinen Sitz; in den lateinisch geschriebenen Chroniken wird er als „Aleman-

---

[14] Mitteilung der aus Schwaben stammenden Leserin Hanne Dunker aus Düsseldorf an den Autor .

ne" bezeichnet. Aber war er das wirklich ? Hätte er sich selbst nicht viel eher „Schwabe" genannt ?

In einer mittelalterlichen Chronik in lateinischer Sprache taucht der Name „Torcilingi" noch einmal an einer ganz anderen Stelle Deutschlands auf.

Das „Chronicum imperatorum et pontificum Bavariae" [15] berichtet von diesem Volk: *„Das Volk der Torcilinger, das, wie oben gesagt, von Germanien beim Untergang der Sueben in Pamnonen nachgerückt war..."* Es nennt wie Jordanes den Germanen-Anführer Odoaker *„den König der Turcilinger, das ist jenes Volk, das vom Ursprung der Donau bis zum Rhein bei Trier wohnte ... Damals war Trier ,zweites Rom' genannt, die Metropole der Torcilinger.*

„Vom Ursprung der Donau bis zum R h e i n bei Trier..." das ist eine Formulierung, die sich ein Mönch in einem bayerischen Kloster im 14. Jahrhundert durchaus leisten konnte, schließlich gab es damals weder verlässliche Landkarten noch einen Erdkunde-Unterricht in Schulen. Die wenigen schriftkundigen Leser wussten es ja auch nicht besser.

Doch muss diese aus heutiger Sicht falsche Behauptung nicht heißen, dass der Autor der mittelalterlichen Chronik sich das alles, was er schrieb, willkürlich aus den Fingern gesogen hatte. Er schrieb wohl nur nieder, was er g e h ö r t hatte, und diese mündliche Überlieferung hatte im Laufe der inzwischen vergangenen Jahrhunderte schon manchen Geschichtskern darin leicht oder stark verändert.

Vielleicht war aber die wenigstens zeitweilige Verbindung des Namens der Stadt Trier mit dem Völkernamen der Turkerer nicht so völlig falsch. Denn in einer mittelalterlichen Quelle

---

[15] Monumenta Germaniae historica Scriptores (MGHSS) XXIX (1879, S. 222

völlig anderer Herkunft werden erstaunlicherweise „Turkerer und Suaven" gewissermaßen in einem Atemzug genannt.

Diese Quelle ist die „Suava" genannte Kurzfassung in altschwedischer Sprache der altnordischen Thidrekssaga. Diese „Suava" ist ein Manuskript vermutlich aus dem frühen 15. Jahrhundert, doch offenbar nur die Übersetzung eines sehr viel älteren Textes, aus welcher Sprache, ist unklar. „Suava" bedeutet hier „alt-schwedisch" und hat mit den „Suevi" und späteren „Schwaben" eigentlich nichts zu tun.

Das „Rätselbuch" der Thidrekssaga spielt heute bei den Forschungen der Skandinavisten an den deutschen Universitäten praktisch keine Rolle mehr, im Gegensatz zum 19. Jahrhundert. Damals wurde der umfangreiche Text mehrmals ins Deutsche übersetzt und als Buch herausgegeben, denn trotz seiner nordischen Sprache (norwegisch-isländisch) enthält das Manuskript eine umfangreiche Sammlung von Heldensagen aus Norddeutschland, und zwar aus dem sonst so unbekannten Frühmittelalter. Die manchen älteren Deutschen noch bekannten Sagen über Dietrich von Bern und die Nibelungen sind darin zu finden.

Das schwedische Manuskript „Suava" ist eine Kurzfassung des altnordischen Manuskripts „Thidrekssaga" mit bis heute ungeklärter Herkunft. Alt-Germanisten an den deutschen Universitäten beschäftigen sich, wie gesagt, heute nicht mehr damit, wohl aber ein Verein von Privatforschern, das „Dietrich von Bern-Forum e.V.", der eine eigene Zeitschrift dazu herausgibt und mehrere umfangreiche Forschungsbände zu diesem Thema veröffentlicht hat. Der Autor dieses Buches hat den Verein im Jahr 2000 begründet und lange die Vereinszeitschrift redigiert. Von deutschen Historikern ist eine Kenntnis dieser Quelle („Svava") kaum zu erwarten.

In diesem altschwedischen Text – aber nicht in der sehr viel umfangreicheren Thidrekssaga ! – steht nun überraschend etwas von einem Kampf von „Svaveren und Torkeren" (und „Bajeren" und „Engeren") zur Verteidigung einer „Stadt Bern" gegen den Angriff eines fremden Königs. Die heutige Hauptstadt der Schweiz, die diesen Namen führt, war es bestimmt nicht, denn sie wurde erst 1191 gegründet. Möglicherweise handelte es sich um die alte Römerstadt Bonn am Rhein, die im Frühmittelalter lange auf Lateinisch „Verona" und auf Althochdeutsch „ Bern" genannt wurde. (Das Rätsel um diesen Städtenamen ist bis heute nicht völlig gelöst!)

Philologen des 19. Jahrhunderts haben die eben erwähnten Völkernamen unbekümmert mit „Schwaben, Türken, Bayern und Ungarn" übersetzt, ohne über die historischen Unwahrscheinlichkeiten dabei nachzudenken. Einen befriedigenden historischen Nachweis gibt es auch jetzt noch nicht, aber immerhin stehen hier die beiden Völkernamen „Turkerer" und „Suaven" (Sueben?) in einer mittelalterlichen Quelle noch n e b e n einander.

Bonn und Trier sind zwar sicher nicht gerade benachbart, aber uch wieder nicht so weit von einander entfernt, dass eine Herkunft der in der „Suava" genannten „Turkerer" aus Trier völlig absurd wäre. An der pfälzische Weinstraße liegt der alte Ort (heute „Bad") D ü r k heim, nur wenig näher an Trier als an Bonn. Auch eine Gründung der Turkerer? Auf dieses Rätsel wartet noch auf seinen Auflöser!

Schließlich noch ein Rätsel, das aber den Archäologen, die darauf stießen, offenbar bisher kein Kopfzerbrechen bereitet hat, wenigstens nicht in Südwestdeutschland. Das sind die sogenannten „Schädeldeformationen".

Aus der Zeit des Frühmittelalters haben Archäologen zahlreiche sorgfältig beigesetzte Leichen gefunden, deren Schädel ungewöhnlich verformt waren. Meist waren es Frauen und

Mädchen. Den Babies wurde der Kopf mit Binden so straff eingewickelt, dass die in jungen Jahren noch formbaren Knochen einen vergrößerten Hinterhauptschädel ausbildeten. Das war ein für unseren heutigen Geschmack sehr seltsames Schönheitsideal, aber das hat es nun einmal zu bestimmten Zeiten und in bestimmten Regionen der menschlichen Geschichte tatsächlich gegeben.

Archäologen und Historiker haben seit dem Ende des 19. Jahrhunderts, als ihnen solche Leichen erstmals auffielen, diesen Brauch mit den Hunnen in Verbindung gebracht. Die Leichen stammten aus ihrer Zeit, und viele davon fand man in Osteuropa. Auch in Deutschland und in bestimmten Regionen Frankreichs hat man solche Schädel gefunden, besonders viele nördlich des Harzes, in einem Gebiet, das vor und nach der „Hunnenzeit" zu einem „Königreich Thüringen" gehört haben sollte. Dies war für Generationen von Historikern Beweis genug, dass die Hunnen zur Zeit ihres Einflusses in Europa gerade dort, in Thüringen, eine besonders intensive Herrschaft ausgeübt haben mussten.

Doch der Archäologe und Historiker Berthold Schmidt, selbst aus Thüringen stammend, hat vor etwa 20 Jahren überzeugend nachgewiesen, dass nicht etwa Hunnen, sondern S a r m a t e n diesen Brauch nach Europa gebracht haben [16]. Auf einer Karte Mittel- und Osteuropas hat er hunderte von Funden solcher Schädeldeformationen eintragen lassen, sorgfältig nach Zeitperioden unterschieden, aus denen diese Gräber stammten.

Er unterschied dabei Funde auss dem 3. und 4. Jahrhundert und nannte sie Gräber „spätsarmatisch" . Sie lagen alle an der mittleren Wolga, in der Ukraine und Ostrussland, und sie

---

[16] Berthold Schmidt, Hermunduren – Angln – Warsnen – Thüringer – Franken – Sachsen; in: Studien zur Sachsenforschung 9 (1999), S. 359

stammten aus einer Zeit, als die Hunnen diese Gegend überhaupt noch nicht erreicht hatten.

Eine weitere Periode nennt er „**Attila-Zeit**" (also die wichtigste Zeit der hunnischen Herrschaft in Osteuropa). Hier finden sich Gräber mit der so bezeichnenden Schädeldeformation im Kaukasus, aber auch an der mittleren Donau und in Mähren. In den Kaukasus hatten sich Teile eines sarmatischen Volkes, der Alanen, vor den Hunnen geflüchtet (siehe oben S. 10), und im damaligen Pannonien (Ungarn) lebten viele der Sarmaten, die den Hunnensturm über sich hatten ergehen lassen müssen und diesem Herrscher-Volk für einige Jahrzehnte hatten Gefolgschaft leisten müssen.

Aus der „**Nach-Hunnen-Zeit**" (2. Hälfte 5. und 6. Jahrhundert) gibt es Funde von deformierten Schädeln fast nur noch dort, wohin S a r m a t e n ausgewandert waren. Die Regionen entsprechen mit verblüffender Deutlichkeit denen, in denen es auch Pferdegräber gab, allerdings nicht in allen. Thüringen gehört dazu, aber auch „Schwaben" an der oberen Donau, sowie eine Region an der oberen Rhone, ein Gebiet, in das nachweislich im Frühmittelalter Alanen angesiedelt worden waren.

Die vom Archäologen Schmidt veröffentlichte Karte bestätigt die Vermutung, die schon aus anderen Indizien gefüttert wurde, dass nämlich die verschiedenen Stämme der Sarmaten sich auch in manche Äußerlichkeiten unterschieden, unter anderem in diesem Brauch der Schädeldeformation. Nicht alle hatten ihn für einige Jahrhunderte bei sich eingeführt, doch die Alanen, die Roxolanen und die Turkerer scheinen zeitweise diesem Schönheitsideal bei Frauen gehuldigt zu haben.

7 Brachten sarmatische Pfaffen das Christen tum ?

Aus der Zeit, da Turkerer und Sueben zu den „Schwaben" zusammenwuchsen – anders ausgedrückt, aus dem Frühmittelalter im heutigen Südwestdeutschland – gibt es leider nicht ein einziges Schriftdokument. Niemand konnte dort damals lesen oder schreiben, und die schriftkundigen Römer und Griechen weiter im Süden Europas waren viel zu weit entfernt, als dass sie sich für Vorgänge bei den „barbarischen Germanen" irgendwo weit weg in der „Sarmatia", dem „wilden Osten Europas", hätten interessieren und sie aufschreiben können.

Doch offenbar hat unsere deutsche Sprache ein Andenken daran bewahrt; man muss es nur bemerken. Ohne bereits aus anderen Indizien eine Spur zu den Sarmaten zu haben, ist es allerdings schwer zu finden.

In der frühen n i e d e r deutschen Sprache, von Sprachwissenschaftlern „alt-sächsisch" genannt, heißt der Begriff für einen christlichen P r i e s t e r (nicht Mönch, aber auch nicht Bischof) „ P a p e" . In den o b e r deutschen („hochdeutschen") Mundarten heißt der gleiche Begriff „P f a f f e". Die Wortformen unterscheiden sich ganz entsprechend der sogenannten „Zweiten germanischen Lautverschiebung", die nach den Feststellungen der Sprachforscher irgendwann im Frühmittelalter einsetzte und die niederdeutschen von den oberdeutschen Dialekten deutlich unterschied. Woran die Aussprache-Veränderungen lagen, ist für die Forschungen in d i e s e m Buch uninteressant, kennzeichnend ist unter anderem, dass ein niederdeutsches „p" in Oberdeutschland wie „f" oder „pf" gesprochen wurde.

Zur sprachlichen Herkunft dieses Wortes „Pape" kann man in einem alten etymologischen Wörterbuch [17] folgende aufschlussreiche Erklärung finden: *„Die herrschende Annahme der Ableitung aus lat. Papa, das innerhalb der weströmischen Kirche ehrenvolle Anrede der Bischöfe und Titel des Papstes war, vermag die übereinstimmende kontinentaldeutsche Bedeutung „Geistlicher" unserer* (Wort-)*Sippe nicht zu erklären und ist daher mit Entschiedenheit zu verwerfen. In der g r i e c h i - s c h e n Kirche unterschied man „Pápas"* = *Papst und „Papás"* = *clericus minor, und an die letztere Bedeutung knüpft die deutsche Wortsippe* (Pape, Pfaffe) *an."* Es sei daran erinnert, dass im Russischen das Wort „Pope" die gleiche Bedeutung hat.

Hellsichtig, aber noch ohne das erst in den allerletzten Jahren zusammengetragene Wissen über die Bedeutung der Sarmaten auch für das Gebiet des heutigen Deutschland, fügte der Germanist Professor Kluge damals an: *„Das g r i e c h i s c h e Wort mag schon im 6. Jahrhundert* (!!) *durch Deutschland verbreitet worden sein, es kam vielleicht etwas später als* (das Wort) *Kirche zu uns, was man aus dem Fehlen des Wortes „papa"* = *Geistlicher im Angelsächsischen, Englischen schließen möchte. Auch hier haben wir eine Spur der g r i e c h i - s c h e n Kirche bei den Germanen. Doch lässt sich der* (Völker-) *Stamm nicht bestimmen, der das griechische „papás" als „pápa" in seinen Wortvorrat aufnahm und weitertrug."*

Spuren der g r i e c h i s c h e n christlichen Kirche bei den Germanen im späteren Deutschland im 6. Jahrhundert sind für die deutsche Geschichtsforschung bisher völlig unerklärbar. Es handelt sich wohlgemerkt n i c h t um Spuren der a r i a n i - s c h e n Variante des Christentums, die praktisch alle G e r -

---

[17] **Kluges Etymologisches Wörterbuch der deutschen Sprache**, 6. Auflage von 1905 - in neueren Auflagen dieses Standardwerkes sind die zitierten Texte zur Herkunft des Wortes „Pape" nicht mehr enthalten.

m a n e n völker aus dem europäischen Südosten für mehrere Jahrhunderte beherrschte und die – für uns Heutige kaum vorstellbar ! – ausschließlich in g e r m a n i s c h e r S p r a c h e zelebriert wurde.

Eine Erklärung bietet sich an, wenn man den Behauptungen dieser Buchreihe folgt, wonach Sarmaten im Laufe des späten 5. Jahrhunderts in verschiedene Gegenden Nord- und Süddeutschlands kamen. Wenn sie auch sonst kaum Spuren ihrer Sprache hinterlassen haben, dann vielleicht doch wenigstens in den Wörtern „Pape" im Norden und „Pfaffe" im Süden.

Die lange Nachbarschaft der Sarmaten mit den Griechenstädten am Schwarzen Meer (siehe dazu oben S. 14) führte mit Sicherheit dazu, dass einige Angehörige ihrer Adelsfamilien nicht nur Griechisch sprechen, sondern auch lesen und schreiben lernten. Das galt wohl vor allem für solche Adelsfamilien, in denen das Priestertum erblich war.

Die Turkerer als sarmatischer Teilstamm hatten lange im heutigen Serbien gelebt, bevor sie „von der Geschichtsschreibung vergessen" wurden. Das Gebiet gehörte zum O s t - römischen Reich mit der Hauptstadt Konstantinopel und inzwischen längst g r i e c h s c h e r Verwaltungs- und auch Kirchensprache. Das Christentum war dort schon etwa ein Jahrhundert praktisch die Staatsreligion, ehe die Turkerer ihre Heimat verlassen mussten. Damals existierte übrigens noch kein Heiratsverbot für christliche Priester; in der orthodoxen Kirche bis heute nicht !

Solche Priester kamen jedenfalls mit den Wanderungen der Sarmaten nach Westen, bereits ab der 2. Hälfte des 5. Jahrhunderts. Bei den (Nieder-)Sachsen wurde deren über diele Generationen immer weiter vererbter Beruf und griechischer Ehrentitel zum Familiennamen für die Sippe. In Norddeutschland ist der Name „Pape" bis heute keineswegs selten. Ein Franz von Papen aus einem alten westfälischen Adelsgeschlecht war für kurze Zeit unter Hitler Vizekanzler des Deutschen Reiches. Ähnliches gilt für Süddeutschland für den dort ebenfalls häufig vorkommenden Familiennamen „Pfaff".

Den Einfluss einiger christlicher Priester in sarmatischen Adelsfamilien im Frühmittelalter in Deutschlands sollte man allerdings nicht überschätzen. Ein intensives christliches Kirchenleben und eine aggressive Missionierung darf man bei ihnen nicht vermuten. Das hat wohl im Altertum und im Frühmittelalter der griechisch geprägten christlichen Kirche – später, nach der Kirchenspaltung sollte sie den Namen „orthodox" annehmen – nicht so gelegen wie der römischen Kirche mit lateinischer Sprache.

Auch Klostergründungen durch diese Priester mit griechischer Amtssprache und Liturgie sind vermutlich auf dem späteren Gebiet Deutschlands nicht vorgenommen worden, anders als durch die ersten Missionare mit lateinischer Sprache aus Irland. Das Wort „Pfaffe" (oder „Pape") muss man als Bezeichnung eines „Weltpriesters" und eben nicht eines Mönches in einem Kloster auslegen. Doch nur solche von K l ö s t e r n entsandte Glaubensboten kamen in den ersten Jahrhunderten der christlichen Missionierung im Sinne der r ö m i s c h e n Kirche nach Mitteleuropa. Der Begriff „Pfaffe" scheint älter zu sein als „Mönch".

Im Übrigen: Wenn es Erinnerungen an eine christliche Kirche oder wenigstens Lehren des Christentums mit griechischer Prägung bei den (Nieder-)Sachsen, Thüringern und Schwaben gegeben haben sollte, dann haben die Missionare der r ö m i - s c h e n Kirche ab dem 8. Jahrhundert ganz schnell dafür gesorgt, dass solche Überbleibsel aus dem Gedächtnis der Zeitgenossen und der Nachwelt getilgt wurden.

In Rom und in der lateinisch sprechenden Kirche des Westens wurde die „Konkurrenz" der griechischen Kirche des Ostens zwar nicht so stark als ketzerisch empfunden wie die spätantike „Konfession" des Arianismus, aber man empfand das griechisch geprägte Christentum doch als so anders, dass man am liebsten nichts damit zu tun haben wollte.

Vor allem wollte man nicht wahrhaben, dass den irischen und später angelsächsischen Glaubensboten im späteren Deutschland, die dem Papst in Rom gehorchten und auf lateinisch die Messe hielten, Missionare mit griechischer Sprache v o r a n gegangen waren.

Erst sehr allmählich geht Kirchenhistorikern in Deutschland auf, dass die ziemlich häufigen Heiligenlegenden über frühe Missionare in Deutschland mit keltischer (irischer) oder angelsächsischer Herkunft ab dem 7. Jahrhundert nicht nur extrem „geschönt" sind, sondern eben schon viel frühere Spuren von Christentum in Deutschland bewusst überdecken sollten.

Doch solche Untersuchungen gehören eher in eine moderne Kirchengeschichte Deutschlands als in die Forschungen nach den Sarmaten in unserem Land.

Ein Fund – nun von Archäologen und nicht von Sprachwissenschaftlern oder Kirchenhistorikern – bringt die „Pfaffen" des Frühmittelalters auch in eine sehr konkrete Nähe zum Reitervolk der Sarmaten, hier speziell der Turkerer.

Ganz am östlichen Rand der Region, die nach dem Ausweis der Fundkarten von Pferdegräbern in Südwestdeutschland von Turkerern besiedelt wurde, lag die alte Römerstadt Augusta Vindelicum, das heutige Augsburg am Lech. Sie war lange Zeit Hauptstadt der römischen Provinz Raetia Prima gewesen.

Nach dem vermutlich wenig dramatisch verlaufenen Zusammenbruch der römischen Herrschaft dort wird sich ein Rest der alten „römischen" Bevölkerung mehr schlecht als recht durch die unruhig gewordenen Zeiten geschlagen haben, ohne dass „städtisches Leben" völlig erlosch, ähnlich wie am Rhein in Köln und in Mainz. Damit wird auch die wohl bereits seit dem frühen 4. Jahrhundert bestehende kleine christliche Gemeinde in Augsburg das Frühmittelalter irgendwie überstanden haben. An die Frühzeit dieser Gemeinde erinnert eine Legende von einer christlichen Missionarin namens Afra zur Zeit der „diokletianischen Christenverfolgung".

Am Ende des 20. Jahrhunderts haben archäologische Ausgrabungen in den ältesten Kirchen Augsburgs nachgewiesen, dass selbst im „dunklen" 7. Jahrhundert dort christliche Priester beigesetzt worden sind. Sie können nach ihren Beigaben nicht zu den Ärmsten gehört haben. Aus bestimmten Trachteigentümlichkeiten schlossen die Ausgräber, dass diese christlichen Priester aus dem „romanischen Süden" gekommen sein mussten. Einigen davon waren Pferde in der Nähe ihrer Gräber beigegeben worden [18]. Das war allerdings ein Fund, auf den sich kein damaliger Archäologe einen Reim machen konnte

Die Leser dieses Büchleins können es schon. Es müssen „Pfaffen" aus dem Reitervolk der Turkerer gewesen sein, die dort in der einzigen Christengemeinde weit und breit ihren Dienst verrichtet haben. Als Angehörige der sarmatischen Adelskaste gehörten sie in jedem Fall zur städtischen Oberschicht. Und sie waren offenbar „Weltpriester" in einer städtischen Kirchengemeinde und keine Mönche in einem Kloster.

Und dass man verdienstvollen Toten aus diesem Kreis Pferde opferte, selbst noch lange in „christlicher Zeit", ist nicht nur in Schwaben nachgewiesen, sondern auch in Niedersachsen [19]. Dort hat man eine frühmittelalterliche „Grablege" mit 511 Körper- und 24 Pferdegräbern gefunden („Drantumer Mühle", Gem. Emstek). „Pferdeopfer" wurden dort nach dem Ausweis der C-14-Proben noch hundert Jahre n a c h der Zwangs-Missionierung der (Nieder-)Sachsen unter Karl dem Großen

---

[18] Reinhard Schmoeckel, Bevor es Deutschland gab, Bergisch Gladbach 2000, S.475 (auf Grund dort nachgewiesener Literatur)
[19] Siehe dazu in Band 3 dieser Buchreihe, Widukinds Geheimnis, S. 76

gebracht ! Diese Grablege war mit großer Sicherheit der letzte Ruheort für zahlreiche Vorfahren des sächsischen Herzogs Widukind.

8. Wappen reden

Die Heraldik oder Wappenkunst gilt als eine der „historischen Hilfswissenschaften", die ein Geschichtsforscher heranziehen kann, wenn er daran denkt und es für nötig hält. Doch das geschieht nicht immer. Manche sehr alten Wappenzeichen enthalten Hinweise auf historische Ereignisse, ohne dass diese Verbindung allerdings bei der „offiziellen" Geschichtsforschung an den deutschen Universitäten angekommen ist.

Wichtige Indizien bei der allmählichen Aufklärung der Rolle der Sarmaten – genauer gesagt deren Adelsschicht – beim Entstehen neuer Völker in Deutschland und Europa im Frühmittelalter lieferten bestimmte Zeichen auf den Wappen gewisser Adelsfamilien, später auch Territorien und Städte. Zuerst waren es rote und weiße Karos in „geschachter" Form, die auffielen, später auch andere Zeichen und Farb-Kombinationen.

Auf S. 16 dieses Buches war schon die Rede von den Wollmänteln, die sarmatische Adlige einst über ihren eisernen Rüstungen im Kampf trugen. Die Webmuster in diesen Mänteln bildeten damals so etwas wie die Fahnen späterer Zeit, und sie unterschieden sich nicht nach den Adelsfamilien ihrer Träger, sondern nach den S t ä m m e n des sarmatischen Volkes, aus denen diese Familien kamen.

In der Frühzeit der Sarmaten, v o r der Zeitwende, dürften diese Stämme noch echte „Kampfverbände" in den zahlreichen Kriegen untereinander gewesen sein. Später wandelte sich wohl ihre Aufgabe in eine Art religiöser Kultverbände, die eben auch manche kulturellen Eigenarten ihre Mitglieder bewahrten. Dazu scheinen auch die verschieden gefärbten und gemusterten Mäntel der Adligen gehört zu haben.

Die Adligen des Stammes der Jazygen, so stellte sich im Lauf der Forschungen immer klarer heraus, trugen Mäntel mit rot-weißen Karos, die des Stammes der Roxolanen dunkelblaue Mäntel, und die Adligen des Stammes der Turkerer Mäntel halb in Schwarz, halb in Gelb. Doch es dürfte für andere Stämme auch noch andere Zeichen gegeben haben. Die Adligen dieser Stämme trugen die uralten Muster auf ihren Mänteln auch noch im 5. Jahrhundert n a c h Christus, als sie ins spätere Deutschlands kamen.

Diese unterschiedlich gefärbten Mäntel müssen so etwas wie die Vorläufer der Wappen gewesen sein, die allerdings erst seit dem frühen 11. Jahrhundert in Deutschland aufkamen. Das setzte allerdings voraus, dass sarmatische Adelsfamilien ihre Generationenfolge ununterbrochen in m ä n n l i c h e r Linie bis dahin aufrecht erhalten konnten. Doch scheint das bei vielen einstigen sarmatischen Geschlechtern der Fall gewesen zu sein.

Die Bedeutung der Farben Schwarz und Gelb (in modernen Wappen als Gold dargestellt) für die Region Südwestdeutschlands erschließt sich erst nach einem Ausflug in deren Wappengeschichte. Schwarz und Gelb (Gold), senkrecht geteilt, war einst das Wappen der Herren von Staufen (später nach ihrer Burg „Hohenstaufen" genannt). Erst als dieses Geschlecht die Kaiserwürde erlangt hatte, kam auch noch der „kaiserliche" Adler in Schwarz auf goldenem Grunde hinzu. (Zu diesen Hohenstaufen siehe auch das Kapitel 10.) Die späteren Grafen, Herzöge und Könige von Württemberg hatten als altes Wappen drei schwarze Hirschstangen übereinander – aber ebenfalls auf gelben (goldenen) Grund. Sie hatten ihre früheren Sitze, soweit man sie aufgrund von Urkunden nachweisen konnte, in einem anderen Teil Schwabens als die Staufer.

Schwarz und Gelb (Gold) als ursprüngliche Farben müssen also für mehrere oder vielleicht viele alte Adelsgeschlechter im deutschen Südwesten kennzeichnend gewesen sein, Zu den bisher genannten kommt noch das Wappen der Wettiner hinzu, der späteren Kurfürsten und Könige von Sachsen. Seine Farben sind ebenfalls schwarz und gelb, allerdings in mehreren, sich abwechselnden Streifen. Die Herkunft des Geschlechts der Wettiner aus Schwaben ist kaum bekannt, aber durchaus nachweisbar (siehe dazu Kapitel 9).

Dass schließlich auch noch das Geschlecht der Habsburger als Wappen der F a m i l i e – nicht als Erzherzöge von Österreich oder als Kaiser ! – in Schwarz und Gold senkrecht geteilt ist, dürfte kaum jemand wissen. Hierzu Näheres im Kapitel 10.

9. Was haben Schwaben mit dem Nordharz zu tun ?

Vielleicht der einzige „historische" Hinweis auf Schwaben (oder immer noch auf Lateinisch der „Suebi") in ihrer Frühzeit findet sich in einer Geschichte, die der berühmte Historiker der Franken, Gregor von Tours, erzählt. Dieser römisch gebildete katholische Bischof lebte im 6. Jahrhundert und hielt in „Zehn Büchern Geschichte" das fest, was er über die Entstehung und die Taten der Familie der fränkischen Könige hatte erfahren können; aus der Zeit ab etwa 550 bis 590 konnte er aus eigenem Wissen berichten.

Aus der Lebenszeit des Merowingerkönigs Sigibert schreibt er eine Episode nieder, die für den „Römer" Gregor nur deshalb interessant war, weil sein König damit zu tun hatte, wenn auch nur sehr am Rande.

Dem historisch bekannten Zug der Langobarden von Ungarn nach Oberitalien im Jahr 568 hätten sich zahlreiche Sachsen angeschlossen, erzählt Gregor. Doch hätten die sich bald mit den Langobarden überworfen und seien über das Frankenreich (in Gallien) in ihre Heimat zurück gewandert. Zur Durchquerung Galliens hätten sie eine Genehmigung des Königs Sigibert benötigt und bekommen. Doch in ihrer Heimat seien inzwischen auf Befehl des Königs „Suebi" angesiedelt worden. Bei einem Krieg zwischen diesen Neuansiedlern und den rückkehrenden Sachsen seien von den letzteren 20 000 (von insgesamt 26 0000) umgekommen.

Bis auf die Zahl der Toten ist dieser Bericht Gregors auch durchaus glaubwürdig, zum Teil sogar durch archäologische Funde nachgewiesen. Das Ende dieses Dramas muss sich etwa im Jahr 572 abgespielt haben.

Tatsächlich existierte im Frühmittelalter nördlich des Harzes lange ein „Schwabengau", etwa vom heutigen Halberstadt bis Aschersleben. Auch andere Details erinnern an die freiwillige oder gezwungene Umsiedlung von „Schwaben" nach Mitteldeutschland. Welthistorisch war sie ohne Bedeutung, für die Region hatte sie aber weitreichende Folgen.

Diese Umsiedlung muss den historischen Daten zufolge etwa im Jahr 569 erfolgt sein. Die Gründe oder die näheren Umstände d i e s e r „Völkerwanderung" sind nirgends schriftlich festgehalten, daher werden sie auch in den Forschungen deutscher Historiker zum Frühmittelalter praktisch nie behandelt. Der Autor dieses Buches kam allerdings durch s e i n e Forschungen zu dieser so stiefmütterlich behandelten Geschichtsperiode in Deutschland – keineswegs nur durch seine Forschungen zu den S a r m a t e n ! – zu Erkenntnissen, die wenigstens V e r m u t u n g e n dazu zulassen.

Die Vermutungen gehen davon aus, dass die Könige im fränkischen „Ostreich", Austrien („Land der Morgenröte") genannt, bereits ab etwa 535 eine lockere Oberhoheit über einen großen Teil der Germanen östlich des Rheins gewonnen hatten, über Teile Westfalens, über die „Alemannen" genannten Bewohner Südwestdeutschlands sowie über die Bajuwaren im heutigen Bayern südlich der Donau. Thüringen hatten die Frankenkönige ja bereits 531 in einem Krieg gegen den letzten Thüringerkönig Irminfried erobert.

Diese Oberhoheit kann nur ziemlich locker gewesen sein und wurde wohl im Wesentlichen nur durch Gefolgschaftseide der örtlichen Machthaber gegenüber dem zuständigen Frankenkönig abgesichert. Immerhin hatte der damit die Möglichkeit, auch Weg- und Zuzüge von größeren Gruppen von Kriegern genehmigen zu müssen oder sogar anordnen zu können.

Eine Umsiedlung von „Suebi" (Schwaben) in eine von „Sachsen" entblößte Region hatte durchaus seinen Sinn. Über die aus Turkerern und Sueben zusammengewachsenen Schwaben auf der Schwäbischen Alb hatte der fränkische König offenbar zu dieser Zeit schon so viel Einfluss, dass er etliche Adlige (mit ihrem jeweiligen Gefolge von Kriegern und Familien) verpflichten konnte, in das Gebiet nördlich des Harzes zu ziehen. Dort hatte bisher seine Herrschaft noch auf sehr wackligen Füßen gestanden, wenn sie denn überhaupt gegeben war.

Die neuen Siedler waren jedoch persönlich durch ihre Treueide stark dem Frankenkönig Sigibert verpflichtet und konnten ihm so die eindeutige Herrschaft auch in dieser Region Deutschlands sichern. Vielleicht kam hinzu – doch das kann man nur raten – , dass diese Schwaben bereits Christen waren (siehe dazu das Kapitel 7), was für die Vorbewohner wohl nicht galt. Für einen christlichen Frankenkönig mag das schon eine Rolle gespielt haben, auch wenn dieser Sigibert sonst in seinen Handlungen, vor allem seiner Familie gegenüber, vom

Historiker Gregor nicht gerade als von besonders christlicher Milde geschildert wird.

Gregor von Tours schreibt, „Sachsen" seien es gewesen, die weg und wieder zurück gezogen seien, und die deutsche Geschichtswissenschaft hat das bisher ohne weiteres geglaubt. Schließlich hatte der sächsische Mönch Widukind von Corvey (um das Jahr 970) ausführlich beschrieben, seine Vorfahren hätten im Krieg gegen die Thüringer (531) die Franken tatkräftig unterstützt und seien dafür mit allem Land nördlich des Flusses Unstrut belohnt worden, also auch mit der Gegend nördlich des Harzes.

Doch genauere Forschungen zu dieser Überlieferung haben gezeigt, dass sie nur ein „Fake" war, wie man das heute nennen würde. Genau so wenig entsprach gut 100 Jahre später die Dichtung eines unbekannten Mönches des Klosters Siegburg im sogenannten „Annolied" der historischen Wirklichkeit. Dieser Dichter schrieb die gleichen „Heldentaten" im Krieg der Franken gegen die Thüringer statt den „Sachsen" nun den „Schwaben" zu. Vielleicht war er selbst ein Nachkomme der an den Harz umgesiedelten Schwaben.

Diese Forschungsergebnisse des Autors haben im Grunde nichts mehr mit den sarmatischen Turkerern zu tun, um die es in d i e s e m   Buch geht. Sie werfen nur ein bezeichnendes Licht auf die „Zuverlässigkeit" antiker und mittelalterlicher Historiker, die ein moderner Geschichtsforscher nur nach sorgfältigster Prüfung ihrs Realitätsgehalts verwenden sollte.

Das gilt auch für den Völkernamen „Sachsen", der bei Gregor von Tours vielfach auftaucht, wie auch später in fränkischen Chroniken.

Einst, während der Spätzeit des Römischen Reiches, belegten die Römer jede Kriegerschar, die aus dem „freien" Germanien über den N i e d e r rhein zu ihnen kam, gleich ob in krie-

gerischer oder friedlicher Absicht, mit dem Namen „ F r a n -
k e n". Auch als viele dieser „Franken" als Söldner in römische
Dienste getreten waren, begegneten die Römer diesen „Barba-
ren" mit einer Mischung aus heimlicher Verachtung und Furcht.
Am O b e r rhein nahmen die „A l e m a n n e n" die gleiche
Rolle ein.

Doch seit der „König der Franken" Chlodwig guter katholi-
scher Christ und zugleich Herrscher von ganz Gallien geworden war, durfte man unmöglich die „wilden Völker jenseits des
Rheins" (ein Original-Ausdruck Gregors) weiter als Franken
mit dem abschätzigen Unterklang bezeichnen. Denn nun waren
ja plötzlich die Franken das Herrschervolk in ganz Gallien geworden, weil der König Chlodwig es so wollte (siehe dazu den
Band **6: Die Ahnen der Merowinger und ihr „fränkischer" König Chlodwig**).

Doch da bot sich der Völkername „Sachsen" as Ersatz an,
den man schon vorher kannte. Also nannten die Römer, die
sich kaum für ethnologische oder sprachliche Unterschiede
ihrer „barbarischen" Nachbarn interessierten, künftig alle Bewohner der Sümpfe und Urwälder jenseits des Niederrheins
„Sachsen", so auch Gregor von Tours.

Doch ob überall in Norddeutschland Sachsen lebten, von denen im 5. Jahrhundert viele nach Britannien ausgewandert waren, steht keineswegs fest. Erst in jüngster Zeit beginnen deutsche Historiker und Archäologen an dieser Gleichsetzung zu
zweifeln [20].

So ist in Wahrheit kaum anzunehmen, dass es tatsächlich
Verwandte der gleichzeitigen sächsischen Könige in Britannien

---

[20]   Vera Brieske, Pferdegräber als Zeichen für Sachsen in Westfalen ? In:
H. Brink-Kloke, H. Deutmann (Hrsg.) : Die Herrschaften von Asseln – ein
frühmittelalterliches Gräberfeld am Dortmunder Hellweg (Ausstellungskatalog) München-Berlin 2007, S. 107

waren, die aus der Gegend nördlich des Harzes dem Ruf der Langobarden zur Gewinnung neuen reichen Landes in Oberitalien gefolgt waren. Germanen werden es wohl schon gewesen sein, aber von welchem Stamm oder Volk, das lässt sich bisher noch nicht klären.

Diese „Sachsen" hätten, so berichtet Gregor von Tours, in sehr überheblicher Weise ihre alten Wohngebiete von den Neusiedlern, den Schwaben, zurückgefordert und sich auch auf großzügige Kompromissangebote nicht eingelassen. Der Verlust des größten Teils ihrer Krieger in der dann folgenden Schlacht war dann sozusagen die Strafe Gottes.

Doch 26 000 Krieger, mit denen angeblich die „Sachsen" in die Harz-Gegend zurückkamen ? Viel eher wahrscheinlich dürfte eine Zahl von 260 Kriegern gewesen sein. Das entsprach eher der damaligen Bevölkerungsdichte von 2 – 3 Menschen pro Quadratkilometer (gegenüber 200 – 300 heute).

Beim Abschreiben dieser Zahl dürfte wohl einem Kopisten des Gregor-Manuskripts im Mittelalter einer der bei Zahlen beliebten Irrtümer passiert sein, indem er nach dem „XXVI" (26) ein „M" statt einem „C" auf das Pergament malte. „M" ist bei den römischen Zahlen die Abkürzung von „mille" = tausend; „C" von „centum"= hundert. Das Original-Manuskript Gregors aus dem Ende des 6. Jahrhunderts ist nicht erhalten, nur mehrere mittelalterliche Abschriften.

Übrigens: Die Grabstelle eines dieser „Sachsen" hat man vor etwa 20 Jahren bei Dortmund ausgegraben, in Westfalen. Zusammen mit seiner Frau ist er nach altem Brauch begraben worden. Diese Frau war eine vornehme Langobardin, die einst die Wanderung ihres Volkes von Mähren nach Pannonien und dann von dort nach Oberitalien miterlebt und dort ihren zweiten Mann, eben den Adligen aus Westfalen, geheiratet hatte. Bald nach seiner Eheschließung war dieser vornehme Germane unbehelligt auf sein väterliches Gut am westfälischen Hellweg zurückgekehrt und hatte dort zusammen mit seiner Frau und seinen Kindern nach altem Brauch ein Grab gefunden. Die modernen Erkenntnismöglichkeiten der Archäologie konnten alle diese Einzelheiten herausfinden [21]. Sie bestätigen sowohl den Bericht Gregors wie sie ihn auch – wenigstens in Teilen - wieder unglaubwürdig machen.

Die Schwaben, die nach dem Harz gewandert waren, scheinen danach in ihrer neuen Heimat durchaus Erfolg gehabt zu haben. Wahrscheinlich konnten sie in den nächsten Jahrzehnten sich auch in Nachbar-Regionen ausdehnen. Ihre Adligen sarmatischer Herkunft gaben wie üblich den Ton an, auch wenn sie längst nicht mehr ihre eigene Sprache benutzten, sondern die ihrer (germanischen) Untertanen.

Einer dieser Anführer muss der Edelherr Teti (oder Dedi) gewesen sein, der um das Jahr 950 im Hosgau ein Grafenamt übertragen bekam. Dieser Hosgau lag auf der Landkarte der mittelalterlichen Gaue etwas mehr zur Saale hin, dem Schwabengau benachbart. Ein Enkel dieses Teti gründete an der Saale die „Burg Wettin", von der aus die spätere Dynastie der Wettiner ihren Ausgang nahm Sie sollte bald zu Burggrafen von Meißen und zu Kurfürsten von Sachsen werden, wobei dieser „Völkername" nur durch Erbschaft plötzlich von Niederdeutschland nach Mitteldeutschland „verrutscht" war.

Als ab Beginn des 11. Jahrhunderts in Deutschland bemalte Schilde als Wappen zur Kennzeichnung der Personen und Familien von Rittern aufkamen, führten diese Wettiner wohl bereits von Anfang an ein Wappen aus mehreren abwechselnd schwarzen und goldenen Streifen. Wieder ist die Farbkombination Schwarz-Gold (Gelb) wohl das Ursprüngliche davon, und die dürfte einst von sarmatischen Turkerern aus Serbien ins

---

[21]   H. Brink-Kloke, H. Deutmann (Hrsg.), Die Herrschaften von Asseln – ein frühmittelalterliches Gräberfeld am Dortmunder Hellweg (Ausstellungskatalog), München-Berlin 2007

Schwabenland mitgebracht und später teilweise ins Land nördlich des Harzes verpflanzt worden sein.

Der Stammvater Teti wird in Meyers Konversationslexikon von 1897 als „vermutlich schwäbischer Herkunft" bezeichnet. Sei Name wirkt keineswegs so, als käme er aus einer germanischen Sprache. Die Eigennamen der Adligen – damals kannte man noch ausschließlich Vornamen zur Kennzeichnung – werden aber vermutlich noch lange aus der alten sarmatischen Sprache der Anführer entnommen worden sein.

10. Drei Kaisergeschlechter aus Schwaben ?

Nach dem „Weltreich" der Römer – es hielt im Westen der antiken Welt gut tausend Jahre – war für Europa das „Heilige Römische Reich" mit Kaisern aus Mitteleuropa ebenfalls für rund tausend Jahre die beherrschende Macht.

Hier soll nicht die Geschichte dieses „Heiligen Römischen Reiches" ausgebreitet werden, sondern nur die Behauptung mit Indizien unterfüttert werden, die meisten dieser Dynastien, die das Reich so lange nach einander beherrscht haben, seien s a r m a t i s c h e r Abstammung gewesen. Ganz sicher ist keinem der Kaiser aus diesen Familien das je noch bewusst gewesen, doch deuten eben viele zusammen passende Anzeichen darauf hin. Für deutsche Historiker dürfte diese Behauptung allerdings so absurd erscheinen, dass sie, um sie nicht widerlegen zu müssen, diese am liebsten erst gar nicht zur Kenntnis nehmen.

Drei dieser Dynastien stammten sicher oder höchstwahrscheinlich aus Schwaben, der Region in Südwestdeutschland, deren Entwicklung im Frühmittelalter dieses Büchlein gewidmet ist. Die Indizien für diese Familien werden in diesem Kapitel gleich etwas genauer behandelt, doch muss vorher wenigstens in aller Kürze zur gleichen Herkunft der anderen Geschlechter etwas gesagt werden.

Für die Begründer des „Reichs der Franken"; die Könige aus der M e r o w i n g e r -Dynastie, lässt sich ihre Abstammung aus einem Stamm der Sarmaten, der Roxolanen, anhand zahlreicher Indizien nachweisen. Im Buch **Die Ahnen der Merowinger und ihr „fränkischer" König Chlodwig"** ist das ausführlich geschehen. Allerdings wird es wohl noch einige Generationen deutscher (und französischer) Historiker benötigen, bis sich in der akademischen Geschichtswissenschaft dieser Länder die Erkenntnis ausgebreitet hat, dass die „Franken" und ihre ersten Könige, die Merowinger, eben nicht unbedingt G e r m a n e n gewesen sein mussten, sondern S a r m a t e n waren. .

K e i n e Sarmaten von ihrer Abstammung her müssen die Herrscher gewesen sein, die die Merowinger abgelöst haben, die Familie der Pippiniden und K a r o l i n g e r . Sie dürften aus germanischem Adel hervorgegangen sein. Das schließt allerdings nicht aus, dass von dieser Familie Eheverbindungen mit den Merowingern eingegangen worden sind. Den sarmatischen Königen und anderen Männern aus diesem Geschlecht war zwar die Eheschließung mit Frauen aus der unteren Kaste verboten, nicht aber mit Töchtern aus adligen Familien anderer Abstammung. Doch den Karolingern war es später peinlich, solche Ehebande zuzugeben, hatten sie doch, als ihre Fürsten die Merowinger noch nicht von ihrem Königsthron verdrängt hatten, diese in ihrer Propaganda als „rois fainéants" („Nichtstuer-Könige") hingestellt.

Bereits der erste König, der im inzwischen entstandenen „Ostfranken-Reich" - etwa der alten Bundesrepublik vor 1990 entsprechend – dem letzten König aus der Karolinger-Familie folgte, der Herzog Konrad von F r a n k e n (911 – 918) hatte jedoch höchstwahrscheinlich wieder sarmatische Ahnen. Denn seine Familie stammte ursprünglich aus dem Nahe-Gau l i n k s des Mittelrheins, dorther, wo sich bereits 500 Jahre früher sarmatische Adlige mit ihren Gefolgschaften Weideland für ihre Viehherden gesichert hatten.

Die folgende Dynastie, die dann für ein Jahrhundert die deutschen („ostfränkischen") Könige und die „römischen" Kaiser stellen sollte, kam aus dem Stamm der S a c h s e n. Deren sarmatische Abstammung ist im Band **3** der Reihe, **„Widukinds Geheimnis"** ausführlich erklärt worden.

Den Sachsen-Kaisern folgten solche aus der Herrscherfamilie der S a l i e r , deren Ursprung im l i n k s rheinischen Bereich des Hunsrücks zu suchen ist. Auch bei ihnen sprechen viele Indizien dafür, dass sie von sarmatischen Adligen abstammen, die zu Beginn des 5. Jahrhunderts hier Zuflucht vor der Bedrohung durch die Hunnen gesucht hatten (siehe Band **1**, **Sarmaten – Unbekannte Väter Europas**, S. 80 f.).

Durch mehrfache Heiraten mit Töchtern aus dieser Kaiserfamilie gewann eine Adelsfamilie aus dem Schwabenland, die S t a u f e r , das Prestige und nach damaligen Vorstellungen auch das Recht, nach dem Aussterben der Salier durch Erbschaft die Königs- und die Kaiserwürde zu übernehmen.

Diese Familie der Staufer scheint aus der nordöstlichsten Region der Ansiedlung von Turkerern zu stammen, aus dem sogenannten „Ries" um das heutige Städtchen Nördlingen. Auch dort finden sich auf der Karte S. 40/41 zahlreiche der so bezeichnenden Pferdegräber. Ein Edelherr, bereits mit dem Titel eines Grafen, mit dem Namen Friedrich ist dort von Genealogen um das Jahr 950 ausfindig gemacht worden (vermutetes Geburtsjahr). Er soll im Ries bei Wallerstein (nahe Nördlingen) Besitzungen gehabt haben [22].

In den rund fünf Jahrhunderten, die seit dem Einzug der Turkerer ins Schwabenland vergangen waren, hatten die Adligen dieses Volkes genug Zeit gehabt, sich mit anderen edlen Familien der näheren und auch der weiteren Umgebung zu verschwägern und – etwa durch Erbschaften ihrer Frauen – Land auch weiter weg von ihren „Ursitzen" zu erwerben. Das war ein allen Adligen im sich ausbreitenden Frankenreich gemeinsamer Zug. Einigen Familien glückte es, auf diese Weise allmählich zu mehr Dörfern (und damit Reichtum) zu kommen als anderen.

Außerdem ist zu bedenken, dass in dieser Zeit Adlige vielfach auch durch ehrenvolle Ernennungen durch den König zu Grafen- oder anderen Ämtern weitab von ihrer Heimat und damit auch zu neuem Landbesitz kamen. Das galt vor allem, seit die Karolinger zu Königen und später Kaisern im Frankenreich geworden waren. Doch auch die Merowinger nutzten diese Möglichkeiten, auch wenn darüber praktisch keine historischen Quellen berichten. Im Fall der Habsburger dürfte das von Bedeutung sein (siehe unten).

Nach fünf Jahrhunderten wird keinem der ursprünglich von den Sarmaten abstammenden Adligen mehr bewusst gewesen sein, dass ihre Vorfahren aus einem anderen Volk kamen als dem, in dem sie jetzt eine so hervorragende Rolle spielten, und dessen Sprache sie ja alle seit fast ebenso langer Zeit benutzten.

Nur einige Verhaltensregeln werden in den Familien eisern beachtet worden sein. Dazu dürften die „Tabus" gehört habe, niemals mit einer Frau aus einem niedrigeren Stand eine (gültige) Ehe mit erbberechtigten Kindern einzugehen. Dieses Tabu hat die Familien des gesamten europäischen Hochadels ja noch

---

[22] Manfred Akermann, Die Staufer, S. 1

bis ins beginnende 20. Jahrhundert beherrscht (dazu noch mehr bei der Behandlung der Dynastien der Habsburger und der Hohenzollern).

Aber auch die Verpflichtung wird dazu gehört haben, die Gefolgschaftsschwüre von Untergebenen gegenüber ihren adligen Herren unter allen Umständen einzuhalten. Das gesamte Lehnswesen des Mittelalters in Europa ist daraus zu erklären, wenn auch wohl nicht allein durch diesen sarmatischen Brauch. Denn diese gegenseitigen Schwüre hatten auch für die Herren eine schwere Verpflichtung zur Folge: sie hatten sich für ihre Untergebenen („Lehnsleute") in jeder Hinsicht verantwortlich zu zeigen. Dazu wird noch etwas mehr im Kapitel III.2 ausgeführt.

Der Sohn des „ersten" Friedrich „aus dem Ries" (diese Zahl ergibt sich allerdings lediglich daraus, dass er in der frühesten aufgefundenen schriftlichen Urkunde erwähnt ist) wird „Friedrich von Büren" genannt, um ihn von seinem gleichnamigen Vater zu unterscheiden. Er lässt sich in der ersten Hälfte des 11. Jahrhunderts in mehreren Urkunden als „Riesgraf", aber auch als „Pfalzgraf" des Herzogtums Schwaben belegen. Er hatte also schon einige wichtige Stufen auf der Karriereleiter der Adligen dieser Zeit zurückgelegt.

Er heiratete Adelheid, eine Tochter des „Filsgrafen" Walter, der für ein Gebiet östlich vom heutigen Stuttgart (um Göppingen und Plochingen) „zuständig" war. In dieser Region erwarb nun auch Friedrich, der „Riesgraf", Land und nannte sich danach „Friedrich von Büren" (heute der Ort Wäschenbüren). Dort in der Nähe ließ um das Jahr 1080 dessen Sohn – wieder ein Friedrich („III.") - die Burg Hohenstaufen erbauen , die dann dem ganzen Geschlecht den Familiennamen gab.

Dieser Friedrich („der Dritte") heiratete eine Hildegard aus einem sehr reichen und vornehmen Adelsgeschlecht im Elsass. Sie stammte aus Egisheim, dicht bei Colmar, also aus einem

Gebiet, in dem damals der alemannische Dialekt verwendet wurde (zum Teil auch heute noch).

Diese Hochzeit ist aus mehreren Gründen erwähnenswert. Ein Verwandter dieser Hildegard wurde im Jahr 1048 zum Papst Leo IX. gewählt; die Familie musste also bereits eine große Bedeutung im „Heiligen Römischen Reich" gehabt haben. Und ganz in der Nähe von Colmar findet sich heute noch auf der Landkarte ein Dorf namens Türkheim. Stammte auch diese Familie aus dem einstigen Sarmatenstamm der Turkerer, die irgendwann dorthin, weitab von den „Schwaben" geraten war und ein Dorf gegründet hatte ?

Der weitere Aufstieg dieser Familie „von Hohenstaufen" zu Herzögen von Schwaben und schließlich auf den deutschen Königs- und römischen Kaiserthron muss hier nicht näher beschrieben werden. Wieder ein Friedrich – als erster Kaiser aus der Dynastie erhielt er die neue Ordnungsnummer „I" – wurde als „Kaiser Barbarossa" bekannt.

Wie im Kapitel über die Wappen erwähnt, benutzte die Familie der Staufer (oder Hohenstaufer) als Wappenzeichen ein in Schwarz und Gold (Gelb) geteiltes Schild. Und diese Farben scheinen ein Überbleibsel der ebenso gefärbten Mäntel der Adligen der Turkerer gewesen zu sein, als sie einige Jahrhunderte zuvor zum Schutz der „Suebi" ins Land kamen. Erst später, als die Kaiserwürde in dieser Familie erblich geworden war, kam das Wappen des schwarzen („kaiserlichen") Adlers auf goldenem Grund für diese Familie in Gebrauch.

Die beiden anderen Kaiserfamilien, die hier noch zu erwähnen sind, blühen im Gegensatz zu den bisher behandelten, längst im Mannesstamm ausgestorbenen Dynastien heute noch mit einer zahlreichen, weit verbreiteten Nachkommenschaft. Es sind die Habsburger und die Hohenzollern.

Über die H a b s b u r g e r , deren Dynastie am längsten im „Heiligen Römischen Reich" regiert hat, sind bereits im Mittelalter mehrere Genealogien aufgestellt worden, um sie mit Helden der Antike in Verbindung zu bringen. So hat noch in der frühen Neuzeit, während der Herrschaft des Kaisers Maximilian I., um 1507 ein kaiserlicher Archivar Mennel ein langes Gedicht verfasst, das diese Familie als direkte Nachkommen der Merowinger und damit auch als Erben der vertriebenen Trojaner hinstellte. Doch das ist in verschiedener Hinsicht eine Fälschung, die jedoch damals nicht auffiel.

Was man aus halbwegs verlässlichen Urkunden weiß, ist die Existenz eines gewissen „Guntram des Reichen" , dessen Grafenamt im „Nordgau" und im oberen Aargau (beides in der Nordschweiz) um 880 genannt wird. Er soll Grundbesitz im Oberelsass, am Hochrhein und in der heutigen Schweiz zwischen Aare und Reuß (zwei kleinen Flüssen aus der Nordschweiz zum Oberrhein) gehabt haben. Auf den ersten Blick stammte er also aus einem heute (und wohl auch damals) alemannischen Sprachgebiet.

Erst um 1020 hat wohl ein Enkel oder Urenkel dieses Guntram die steinerne „Habichtsburg" am rechen Aare-Ufer bei Brugg im schweizerischen Kanton Aargau erbauen lassen. Sie lag strategisch außerordentlich günstig etwa in der Mitte zwischen den heutigen Städten Zürich und Basel. Der Name dieser Burg wurde bald zu „Habsburg" und später zum Familiennamen der Dynastie.

Es gibt aber auch andere Genealogie-Forscher, die behaupten, in einer Urkunde des Grafen Liutfried, des angeblichen Gründers des Klosters St. Trudbert, seien zwei Grafen namens Otbert und Lambert erwähnt, und die seien Vorfahren der späteren Habsburger. Dies würde dann in den Anfang des 7. Jahrhunderts zurückführen. Das Kloster liegt im heutigen Münstertal südlich von Freiburg, damals noch mitten in den Wäldern des Schwarzwalds. Auch dieses Kloster liegt aber im alemannischen Sprachgebiet. Gab es „Habsburger-Ahnen" in diesem Gebiet also schon so früh ?

Der Autor dieses Buches behauptet, auch dieser Guntram und die anderen vermutlichen Vorfahren der Habsburger seien ursprünglich Adlige aus dem S c h w a b e n l a n d und daher wohl auch s a r m a t i s c h e r Abstammung gewesen!

Ein wichtiges Indiz dafür fiel auf, als im Fernsehen die Bilder von der Beisetzung des ältesten Sohnes des letzten Kaisers aus dem Habsburger-Geschlecht in Wien im Jahr 2011 liefen, des bekannten Europa-Politikers Otto von Habsburg. Der Sarg dieses Mannes war mit einer großen Fahne bedeckt, die die Farben seiner F a m i l i e zeigte, nicht die Farben früherer Würden der Dynastie wie der Erzherzöge von Österreich und der „römischen" und später österreichischen Kaiser: sie war halb schwarz und halb gold !

Das zweite Indiz ist das Beharren dieser Adelsfamilie auf der „adligen Ebenbürtigkeit" für Ehepartner. Diese Eigenart teilte sie allerdings früher mit a l l e n einst als Königen, Herzögen usw. in Europa regierenden Familien.

Die h e u t e noch in Europa existierenden Königsfamilien haben das Prinzip aber spätestens seit der zweiten Hälfte des 20. Jahrhunderts alle aufgegeben. Nur die Habsburger und die Hohenzollern beharren selbst am Beginn des 21. Jahrhunderts fest darauf. Wenigstens das jeweilige „Oberhaupt" der Familie, der zugleich der fiktive „Kronprätendent" ist, muss mit einer Frau aus einer „einst regierenden" Adelsfamilie verheiratet sein. Dazu gehörten allerdings früher, im „Heiligen Römischen Reich deutscher Nation" (bis 1806), auch die Reichsgrafen. Sie waren ebenso souverän wie der König von Preußen, der Erzherzog von Österreich oder der Herzog von Württemberg, nur eben nicht so mächtig.

Aus diesen Indizien ergeben sich einige durchaus plausible V e r m u t u n g e n, wie ein Adliger aus dem Sarmatenstamm der Turkerer im dokumentleeren Frühmittelalter von Schwaben in den Sundgau geraten konnte. Das war damals der südlichste Teil des Elsass, dem späteren Basel unmittelbar benachbart.

Bereits 2013 hat der Autor seine auf die obigen Indizien gestützte Hypothese beschrieben [23]. Ist es nicht denkbar, dass Sigibert, der fränkische König im „Ostreich" („Austrien" genannt, das „Land der Morgenröte") , einen zuverlässigen und durchsetzungsfähigen Adligen aus der Gruppe der Turkerer benötigte (und fand !), der für ihn am Oberrhein die Königsmacht sicherte ?

Wie im Kapitel 9 beschrieben, waren ja um das Jahr 570 etliche dieser Adligen aus „Schwaben" an den Harz „versetzt" worden, vermutlich aus ähnlichen Gründen. Warum nicht in etwa der gleichen Zeit auch an den Oberrhein ? Dass dieser „turkische" Adlige bereits Christ war (siehe Kapitel 7), sprach sicher besonders für ihn. Die Alemannen waren es um diese Zeit höchstwahrscheinlich noch nicht.

Im Einzelnen weiß die Geschichtsforschung wohl nichts darüber, wie sich im 6. Jahrhundert das Verhältnis zwischen den fränkischen „Reichsteilen entwickelte. Inzwischen bestand nämlich das „Frankenreich" längst aus drei Teilen: Neustrien, Burgund und Austrien. Geeint waren sie dadurch, dass Brüder und ihr Onkel Könige dieser „Regna" waren, aber als Personen waren sie sich spinnefeind. Dazu berichtet Gregor von Tours Erschreckendes aus den Jahren zwischen 550 und 585, allerdings nicht darüber, was diese Könige während ihrer jeweiligen Regentschaft in oder für ihre Königreiche taten.

---

[23]   Reinhard Schmoeckel, Deutschlands unbekannte Jahrhunderte, Beltheim Schnellbach 2013, S. 426 f.

Am großen Rhein-Knie bei Basel müssen damals die Interessengebiete der Königreiche Burgund und Austrien zusammengestoßen sein, doch waren ihre Grenzen noch keineswegs fest definiert, wie später im Mittelalter. Beide Könige dürften versucht haben, hier in der kritischen Region durch einen oder mehrere adlige Gefolgsleute jeweils auf Kosten des anderen Bruders und Königs sich Macht und Einfluss zu sichern. Natürlich waren die dorthin versetzten Adligen nicht allein, sondern hatten eine ausreichende Anzahl kräftiger Krieger bei sich, die kleinere Auseinandersetzungen auch mit eigenen Mitteln zu ihren Gunsten entscheiden konnten, ohne dass gleich der König in Person mit einem großen Heer erscheinen musste.

Stammte aus dieser frühen Zeit, um das Jahr 570, die Gründung eines Ortes namens „Türkheim" bei Colmar im Elsass? Es konnten noch nicht allzu viele Jahrzehnte seit der Einwanderung der Krieger aus Serbien ins Suebenland vergangen sein, als der Ort mit diesem Namen entstand. Später hätten sich die Gründer wahrscheinlich nicht mehr an den Namen ihres Ursprungsstammes erinnern können, sondern sich „Schwaben" genannt.

Ein im Sinne seines Königs erfolgreicher Adliger, mit starkem Willen und vermutlich auch der nötigen Skrupellosigkeit, hat dann den aus seiner Ehe entspringenden nachfolgenden Generationen bereits ein kleines Landgut in dieser Gegend vermachen können. Seine Söhne, Enkel und Urenkel werden ihm darin nachgeeifert haben, bis 300 Jahre später ein „Guntram der Reiche" schon Güter in vielen verschiedenen Gebieten der Region der Alemannen sein Eigen nennen konnte.

Das alles sind, wie gesagt, nur Hypothesen, aber spricht nicht eine erhebliche Plausibilität dafür?

Das letzte Kaisergeschlecht in Deutschland waren bekanntlich die H o h e n z o l l e r n . Der Weg bis zur Kaiserwürde muss hier nicht beschrieben werden, das ist alles Bestandteil bekannter Geschichte. Und dass diese Dynastie aus dem Schwabenland stammt, ist unbestreitbar. Ihre Stammburg Hohenzollern bei Hechingen, südwestlich von Tübingen, ist von einem Nachkommen im 19. Jahrhundert aufwändig restauriert worden. Auch bei diesem Adelsgeschlecht zeigte sich, dass seine Glieder im Laufe der Jahrhunderte in den verschiedensten Regionen des „Heiligen Römischen Reichs" wichtige Ämter und Land gewinnen konnten.

Allerdings zeigt das Wappen der mittelalterlichen Grafen von Zollern keine schwarzen und goldenen Farben wie bei den adligen Nachkommen der Turkerer, dafür aber ein „Schachbrett" aus je zwei schwarzen und weißen Karos. Doch auch das hat erstaunlicherweise wohl enge Bezüge zum Volk der Sarmaten.

Die Zunft der Heraldiker (der „Wappenkundigen") benutzt den Ausdruck „geschacht" für den regelmäßigen Wechsel verschiedenfarbiger Karos in mehreren Reihen auf dem Wappenschild. Dies ist in verschiedenen Farb-Variationen vorkommendes, aber ziemlich seltenes Zeichen auf den Wappen alter europäischer, vor allem deutscher Adelsgeschlechter. Von diesen allesamt wohl ausgestorbenen Familien haben verschiedene Grafschaften und Gemeinden diese Wappen „geerbt".

Mit dem Schachspiel hat das Wort nichts zu tun, obwohl es auch da interessante Verbindungen gibt. Das Schachspiel kam aus Persien und Indien erst über die Araber und Spanien im 11. Jahrhundert nach Mitteleuropa; zu dieser Zeit existierten schon längst etliche „Schach-Wappen" in der Welt der Ritter.

Der „gemeinsame Nenner" ist das Wort „Schach". Dieses Wort muss aus der alten Sprache der Perser und Sarmaten stammen; man kann es auch „Schah" schreiben. Die Ursprungsbedeutung muss einfach „Adliger" gewesen sein [24]. Erst später wurde mit dem Begriff der persische König bezeichnet. Aus Persien soll das Schachspiel ja ursprünglich stammen. Der Spielstein mit dem Namen „König" hat darin eine besonders wichtige Rolle, und die Figuren müssen auf einem aus Karos in zwei Farben „geschachten" Spielfeld ihre Züge machen.

Von dem W o r t „Schach" oder „Schah" für sarmatische Adlige dürfte auch der alte Ausdruck „Schächer" noch im frühen Neuhochdeutsch stammen. Luther verwendete ihn noch als Bezeichnung für die beiden „Übeltäter", die zusammen mit Jesus ans Kreuz geheftet wurden. Und die Bezeichnung „Schachmänner" taucht auch in der oben (S. 49) schon kurz erwähnten Thidrekssaga auf. Die wegweisenden sprachgeschichtlichen Forschungen und Erkenntnisse daraus als Indizien für die Existenz von Sarmaten in Deutschland sind in Band 2 dieser Buchreihe **Die Westfalen und ihr weißes Ross** näher behandelt. Das sind die s p r a c h geschichtlichen Indizien für die Existenz von Sarmaten. Andere Indizien sind die W a p p e n .

Wappen mit roten und weißen Karos finden sich heute noch für verschiedene Gemeinde in Deutschland, auch das 1992 wieder erstandene europäische Land Kroatien führt diese Zeichen in seinem Wappen. Auch hierzu ist in dem erwähnten Band Näheres ausgeführt. Alle diese Zeichen müssen von dem Sarmaten-Stamm der Jazygen kommen, von dem wichtige Teile damals im 5. Jahrhundert von Ungarn (Pannonien) aus nach Deutschland, aber auch nach Polen und Kroatien ausgewandert sind (siehe hierzu in Kurzform das Kapitel III.1 dieses Buches.)

---

[24]   Jaroslaw Lebedynsky, Les Sarmates – Amazons et lanciers cuirasses entre Oural et Danube VIIe siècle av.J.C. et Vie siècle apr. J.C. Edition Errance , Saint-Germain-du-Puis (Frankreich) 2002, S. 150

Das Schachwappen der schwäbischen Adelsfamilie „von Zollern" ist also schon ein erstaunliches Zeichen. Es lässt einerseits darauf schließen, dass diese Familie n i c h t zum eigentlichen Stamm der Turkerer gehörte, aber wohl mit ihm verbündet war und die Schicksale dieser Menschengruppe im 5. Jahrhundert geteilt hat. Doch der zweite Schluss daraus ist, dass mit großer Wahrscheinlichkeit auch diese Herren sarmatischer Abstammung waren , sonst würden sie nicht ein „so typisch sarmatisches" Wappen führen.

Heraldiker „vom Fach" dürften diese Hypothesen wahrscheinlich nicht akzeptieren, weil sie die zahlreichen Indizien nicht kennen, die der Autor im Laufe von zwei Jahrzehnten inzwischen gesammelt hat. Aber die heutigen „Wappenkundigen" bestreiten ohnehin vehement, dass es Wappen vor dem 10. Jahrhundert in Europa gegeben habe, und für die allmähliche Entwicklung von „Adelsmänteln" über bunte Fahnen bis zu gemalten Wappen auf Schilden in den Jahrhunderten davor interessieren sie sich nicht.

III.
Das Erbe eines vergessenen Volkes

1. Sarmaten an vielen Stellen Europas

Um dem Leser dieses Büchleins wenigstens einen oberfläch-
lichen Eindruck von der e u r o p ä i s c h e n Bedeutung des
Volkes zu geben, um das es hier geht, folgt hier eine Kurzfassung von zwei Kapiteln aus dem Band 1 der Reihe: **Sarmaten
– Unbekannte Väter Europas.**

Die zweite Hälfte des 5. Jahrhunderts n. Chr., nach dem Ende der „Hunnen-Zeit", war die Phase, in der sich zahlreiche
größere und kleinere Gruppen von Sarmaten aus ihrer damaligen Heimat in der pannonischen Puszta in fast alle Himmels-
richtungen zu bewegen begannen. Sie flohen vor den unaufhör-
lichen Kriegen der Germanenvölker in ihrer Nachbarschaft.
Eine dieser Gruppen kam bereits um 455 nach Thüringen. Sie
gehörte offenbar zum Stamm der Roxolanen. Ihr späteres
Schicksal wird im Band 4 beschrieben: **Thüringen war einmal
ein Königeich.**

Fast zur gleichen Zeit wie diese haben sich vermutlich Angehörige eines anderen sarmatischen Stammes, der Jazygen,
aus dem so unruhig gewordenen Nordbalkan-Gebiet aufge-
macht und in W e s t f a l e n eine neue Heimat gesucht. Das
ist genauer, auch mit Hinweisen auf Fachliteratur, im Band 2
der Buchreihe **Die Westfalen und ihr weißes Ross** dargestellt.

Ein Teil dieser Ansiedler ist dann Jahrzehnte später, zum Teil
erst ein Jahrhundert nach der ersten Einwanderung von Westfalen weiter nach Norden gezogen und hat zusammen mit den

(germanischen) Alt-Sachsen ein neues Volk gebildet, die aus de Geschichte so bekannten S a c h s e n . Einen ausführlichen Bericht gibt der Band 3: **Widukinds Geheimnis.** Denn auch dieser berühmte Verteidiger der Freiheit seines Volkes gegen Karl den Großen hatte sarmatische Urahnen.

Was die Turkerer erlebten, ist in diesem Band 5 beschrieben.

Ein knappes Jahrhundert v o r der sarmatischen Auswanderung nach Westfalen, und auch noch kurz v o r dem so verderblichen Auftreten der Hunnen in Europa, hatte bereits ein sarmatischer Draco einen weiten Weg angetreten. Er führte ihn vom Donauufer beim heutigen Budapest über Thüringen und den römischen Limes bei Xanten bis nach Nordfrankreich, und seine Anführer sollten zu den Vorfahren der späteren Merowinger-Könige werden. Dieser Zug hatte völlig andere Ursachen als die in diesem und den anderen Büchern der Reihe beschriebenen Wanderungen. Doch er hatte die bedeutsamsten Folgen, denn in der Folge entstand daraus das „Reich der Franken". Die Schicksale dieser Sarmaten werden im Band 6 **„Die Ahnen der Merowinger und ihr ‚fränkischer' König Chlodwig"** näher beschrieben.

In der Epoche zu Beginn der „germanischen Völkerwanderung", um 407 n. Chr., hatten sarmatische Gruppen die Wanderungen der germanischen Völker der Vandalen, Sueben und anderer bis an den Rhein begleitet. Dann waren sie aber im Raum um Mainz am mittleren Rhein „hängen geblieben" und hatten sich mit ihren Herden in der für längere Zeit herrschaftslosen Landschaft niedergelassen. Hierzu ist Genaueres im Band **1** dieser Reihe **„Sarmaten – Unbekannte Väter Europas"** dargestellt.

Die z w e i t e Hälfte des 5. Jahrhunderts nach Christi Geburt muss jedoch in ganz O s t europa Völkerbewegungen gesehen haben, deren Ausmaß und Bedeutung sich erst ganz allmählich der Geschichtsforschung erschließt, wenigstens der in Deutschland und Westeuropa. Sie begannen bereits vor den Zügen nach Mitteleuropa, hatten aber möglicherweise die gleiche Ursache.

Denn offenbar zog es in dieser Zeit die einstigen Herren der pannonischen Puszta, die Sarmaten, a l l e s a m t aus diesem Land heraus, das bisher seinen großen Viehherden so gute Weideflächen geboten hatte. Die Unruhe hier, hervorgerufen durch die ständigen Kriege der germanischen Nachbarvölker, wollte nicht enden. Und die wohl ziemlich vereinzelt lebenden Sarmaten sahen sich nicht in der Lage, den Germanen effektiv Widerstand zu leisten. So löste sich dieses einst so große Volk allmählich in lauter kleine Bestandteile auf und verschwand dadurch aus der Geschichte.

Es ist unklar, wann genau die Wanderung von Sarmaten nach Norden geschah, in die Gegend, die heute zwischen Polen, der Slowakei und der Ukraine geteilt ist und im Mittelalter Galizien hieß. Dort nördlich des Karpaten-Gebirges scheint ein sehr früher n e u e r „Wohnsitz" von Sarmaten und ihren Herden gewesen zu sein, am Rande des damaligen Lebensraums der S l a w e n.

Dieses Volk, ebenfalls mit einer indoeuropäischen Sprache, aber doch kulturell erheblich anders als die Sarmaten, begann zu gleicher Zeit seine Wanderungen. Diese führten Teile davon weit nach Süden, in die Balkan-Halbinsel hinein bis nach Griechenland, und gleichzeitig nach Norden, Westen und Osten. Diese „Völkerwanderung" der Slawen kann hier nicht näher betrachtet werden, doch es scheint, dass zumindest einige der slawischen Stämme auf ihren Zügen von Gruppen sarmatischer Hirten begleitet worden sind. Im Lauf der Zeit wurden dann deren Adlige zu Anführern der slawischen Bauern und Fischer.

Das dürfte so gewesen sein bei den späteren P o l e n , aber auch bei den K r o a t e n, die wohl von Galizien aus im 6. Jahrhundert an das Nordende der Adria wanderten und dort einen eigenen Staat gründeten, offenbar gerufen von einem oströmischen Kaiser. Vermutlich gehörten auch die heutigen S e r b e n zu diesen Auswanderern. Ihre Sprache ist heute noch mit der der Kroaten fast identisch, doch haben ganz verschiedene politische Schicksale in den folgenden anderthalb Jahrtausenden die beiden Nachbarvölkern zu erbitterten Gegnern gemacht.

Hier sei eingefügt, dass die slawischen Einwanderer, die im frühen 6. Jahrhundert das Gebiet des heutigen Bulgariens erreichten, von einer kleinen Führungsschicht geleitet wurden, den B u l g a r e n. Diese waren k e i n e Sarmaten, aber in Herkunft, Sprache, und Kultur diesen eng v e r w a n d t. Sie kamen auf einem anderen Weg bis in den südlichen Balkan; ihre Herkunft kann man bis in das Pamir-Gebirge in Innerasien zurück verfolgen.

Einige der Slawenstämme, die ins spätere D e u t s c h - l a n d einwanderten, scheinen ebenfalls von sarmatischen Adligen begleitet worden zu sein, vor allem die O b o t r i t e n (an der holsteinischen und mecklenburgischen Ostsee-Küste), wahrscheinlich auch die P o m o r a n e n an der pommerschen Ostseeküste, sowie die S o r b e n in der heutigen Lausitz (zwischen Brandenburg und Sachsen geteilt).

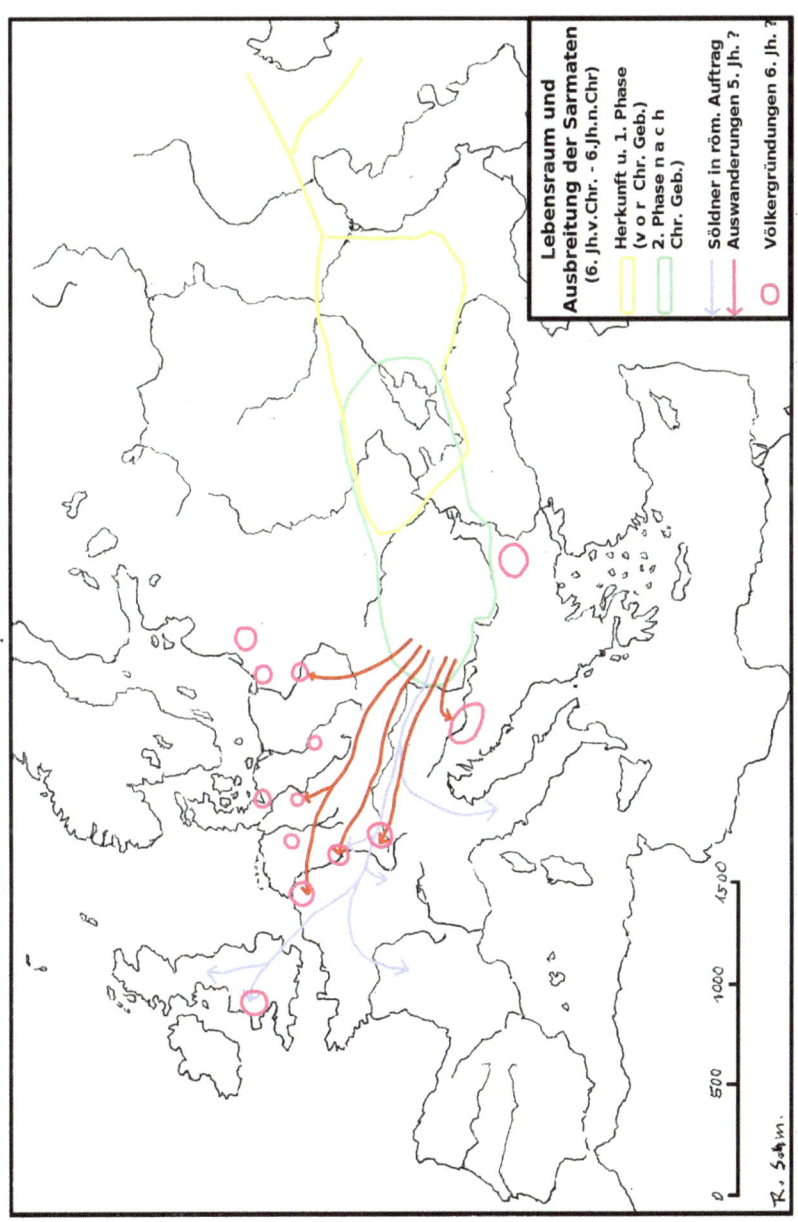

Lebensraum und Ausbreitung der Sarmaten
(6. Jh.v.Chr. - 6.Jh.n.Chr)

Herkunft u. 1. Phase
(v o r Chr. Geb.)

2. Phase n a c h
Chr. Geb.)

Söldner in röm. Auftrag
Auswanderungen 5. Jh. ?

Völkergründungen 6. Jh. ?

R. Sohm.

85

2. Römer, Germanen und Sarmaten als Herrscher im Vergleich

Die schwerwiegendste Folge der „germanischen Völkerwanderung" im 5. Jahrhundert war ohne Zweifel der Zusammenbruch des Weströmischen Kaiserreiches. Über die Ursachen davon haben sich moderne Historiker vielfach den Kopf zerbrochen und dabei auch viele zutreffende Gründe gefunden. Aber e i n e dieser Ursachen wurde bisher so gut wie nie erwähnt, weil die Geschichtswissenschaft im 20. und 21. Jahrhundert dafür kaum Quellen gefunden hat.

Das war die tief sitzende Verachtung aller Angehörigen der Oberschicht des Römischen Reiches für die einfachen Menschen, den „misera plebs" oder die „proletarii". Dabei gehörten wohl 80 bis 90 Prozent der Bewohner des Römischen Reiches hierzu. Nicht nur die Millionen von Sklaven, die römische Heere in den voran gegangenen fünf Jahrhunderten in drei Erdteilen eingefangen hatten, sowie deren Nachkommen, bildeten diese Schicht, sondern noch viel mehr Millionen kleiner Bauern oder „freier" Tagelöhner, Handwerker und Arbeiter aus den von Kleinasien über Ägypten und Marokko bis nach Mitteleuropa unterworfenen Völkern.

Die Autoren der Antike, denen die heutigen Historiker fast ausschließlich ihre Quellen verdanken, gehörten als „gebildete Menschen" (d. h. sie konnten flüssig lesen und schreiben) zu der kleinen Oberschicht von vielleicht nur 5 Prozent, innerhalb derer sich das gesamte politische Geschehen in der römischen Antike abspielte. Am Wohlergehen der „Proletarii" hatten weder Kaiser noch Feldherrn, weder römische Senatoren noch Schriftsteller irgendein Interesse. Sie kamen in ihrem Gedankenkreis so gut wie nie vor.

Das einzige Interesse dieser „herrschenden Kreise" war, die Millionen Arbeitskräfte so billig wie möglich auszunutzen;

darüber hinaus presste ihnen der römische Staat noch das letzte Kleingeld als Steuern ab. Von irgendwelchen „sozialen Anwandlungen" war zumindest in der Spätzeit des Römischen Reiches nichts zu spüren. Die vielen „Bagaudenaufstände", die vermutlich Versuche der Auflehnung gegen diese sozialen Zustände waren, werden von den römischen Historikern, wenn überhaupt, nur in lakonischer Kürze erwähnt.

Falls diese „kleinen Leute" etwa im Gallien des 5. Jahrhunderts durch die Etablierung von zwei Königreichen unter germanischer Führung, der Westgoten und der Burgunder, eine Besserung ihrer Verhältnisse erhofft haben sollten – der christliche Kirchenvater Salvian aus Marseille deutete so etwas an ! – wurden sie bitter enttäuscht. Denn die neuen Herren ließen für ihre „römischen" Untertanen alles beim Alten. Das galt für alle germanischen Reiche der Völkerwanderungszeit, für West- und Ostgoten, für Vandalen, Burgunder und Langobarden.

Die Könige dieser Germanenvölker fühlten sich wohl unfähig, mit so komplizierten und ihren Horizont übersteigenden Erscheinungen wie der auf Münzgeldumlauf beruhenden römischen Volkswirtschaft oder dem längst bürokratisierten Steuerwesen und anderen Errungenschaften des „römischen Fortschritts" umzugehen. Auch für sie mussten die Unterschichten in den von ihnen beherrschten Reichen die winzige Herrenschicht aus germanischem Adel und Kriegern mit allem Lebensnotwendigem versorgen und im Übrigen deren Befehlen gehorchen.

Die Folge davon war der baldige Zusammenbruch all dieser in der Völkerwanderungszeit entstandenen germanischen Königreiche. D i e s e r Aspekt ihrer inneren Schwäche ist von der modernen Geschichtswissenschaft kaum je beachtet worden. Nur die Geschichtslehren des „wissenschaftlichen Marxismus" gingen darauf ein, wenn auch von einem seinerseits falschen Ausgangspunkt aus. Doch genau deshalb machen

wohl heute deutsche Historiker einen großen Bogen um sol-
cherlei Gedanken.

Das einzige Reich, was n a c h den Römern in der Mitte
Europas Bestand hatte, war das „Frankenreich" - - und das war
von Königen begründet worden, die eben k e i n e Germanen
waren, sondern S a r m a t e n.

Mehrfach ist schon darauf hingewiesen worden, dass es keine Schriftdokumente aus dem Frühmittelalter für die Geschichte der von sarmatischen Adelsschichten beherrschten Völker in
Mittel- und Osteuropa gibt. Aber auch sonstige Indizien, z. B.
archäologische Funde, geben keinen Anhalt für die Annahme,
es habe schwerwiegende Differenzen zwischen diesen Völkern
und ihren neuen Herrschern, den S a r m a t e n , gegeben.

Das „Gesetz", das den sarmatischen Adligen verbot, außer-
halb ihrer Adelskaste zu heiraten, verhinderte zwar biologische
Vermischung der Schichten, hat aber offenbar die Anführer
nicht davon abgehalten, sich fürsorglich um ihre Untergebenen
zu kümmern und sie dennoch zugleich so weit wie irgend möglich nach ihrer alten Weise leben zu lassen.

Überall scheinen die sarmatischen Herrscher sehr schnell die
Sprache ihrer Untergebenen angenommen zu haben, die „fränkischen" Könige aus der sarmatischen Merowinger-Dynastie
das Vulgär-Latein (oder Altfranzösisch) ihrer gallischen Untertanen, die Herren in Westfalen das West-Germanische (Alt-
Sächsische) der Bauern in Westfalen oder Nordwestdeutsch-
land, die Fürsten der (in der Entstehung begriffenen) Polen die
slawische Sprache dieser Leute usw. Auch die eigene Religion
wurde den Völkern von den sarmatischen Herren nicht aufgezwungen. Gerade dass keinerlei Überreste dieser Religion gefunden werden konnten, spricht dafür. Auch ihre Lebensweise
als Bauern, Fischer oder Kleintierzüchter mussten die „Unterworfenen" nicht ändern.

Doch in Notfällen war es den einfachen Bauern vielleicht sehr lieb, wenn sie tapfere und militärisch geschulte Herren hatten, etwa wenn besondere Umstände (z. B. Wetterkatastrophen oder fremde Feinde) die G e s a m t bevölkerung zur Auswanderung oder zum Krieg zwangen. So etwas kam im Frühmittelalter ziemlich häufig vor. Eine Wanderung eines ganzen „Volkes" schweißte zusammen und erzeugte ein neues Gefühl der Zusammengehörigkeit, ebenso ein gemeinsamer Kampf gegen Feinde. So sind wohl auch erst die „Völker" der Ostgoten oder der Vandalen entstanden – aber nur innerhalb der jeweiligen „Heere". Der Rest der einheimischen Bevölkerung blieb in den Ländern, wohin diese Germanen kamen, davon unberührt.

So etwa kann man sich wohl auch die Genese der Völker unter sarmatischer Herrschaft vorstellen, ziemlich lautlos und undramatisch, was diesen Aspekt angeht. Das heißt aber nicht, dass in dieser Geschichtsepoche ohne jede schriftliche Quelle für diese Völker alles in ereignislosem Frieden ablief. Blickt man von Zeiten aus zurück, von denen man dank erster schriftlicher Quellen nun schon wieder etwas mehr weiß, dann muss man vermuten, dass gerade die ersten hundert oder zweihundert Jahre ihrer Existenz auch für diese Völker sehr bewegt waren. Das gilt in Deutschland etwa für die Sachsen, in Osteuropa für die Polen oder Kroaten.

Aber der Historiker alten Stils weiß nichts davon – also existiert für ihn (und damit genau so für die Leser seiner Bücher) keine „ G e s c h i c h t e" in diesen Jahrhunderten !